Otto Schrader

Die älteste Zeitteilung des indogermanischen Volkes

Otto Schrader
Die älteste Zeitteilung des indogermanischen Volkes
ISBN/EAN: 9783743413047
Hergestellt in Europa, USA, Kanada, Australien, Japan
Cover: Foto ©Thomas Meinert / pixelio.de

Otto Schrader

Die älteste Zeitteilung des indogermanischen Volkes

Die älteste Zeittheilung

des

indogermanischen Volkes.

Von

Dr. O. Schrader.

Berlin SW. 1878.
Verlag von Carl Habel.
(C. G. Lüderitz'sche Verlagsbuchhandlung.)
33. Wilhelm-Straße 33.

Jede bedeutende Entdeckung der Wissenschaft gleicht dem Stein, der in den Fluß geworfen nicht nur die Stelle, die er trifft, aufrührt, sondern Kreise bis zum Ufer treibt. So ist auch die eine neue Epoche der Sprachwissenschaft selbst heraufführende Erkenntniß eines indogermanischen Sprachstamms für keinen derjenigen Wissenszweige einflußlos geblieben, welche nur immer die Eigenart des Menschen zum Gegenstand ihrer Betrachtung sich erkoren haben.

Nicht zum mindesten aber ist es die Cultur- und Geistesgeschichte der Menschheit, welche in den Erfolgen nicht weniger als in der diese bedingenden und durch sie bedingten neuen, vergleichenden Methode ihrer Schwester eine unerwartete Bundesgenossin sich zur Seite gestellt sieht.

Die Förderungen, welche durch eine sorgsame Sprachbetrachtung der Culturgeschichte zu Theil werden, lassen sich aber nach zwei Seiten in's Auge fassen.

Nachdem man nämlich einmal erkannt hatte, daß alle die Sprachen der Völker, welche wir jetzt unter dem Namen der indogermanischen oder indoeuropäischen begreifen, erst im Laufe der Jahrtausende aus einer ihnen allen gemeinsamen Ursprache sich entwickelt haben, konnte der Gedanke nicht ferne liegen, an der Hand des Wortschatzes dieser durch Vergleichung der Einzelsprachen erschließbaren Ursprache zu erforschen, welcher Art das Leben jenes Urvolkes gewesen sei, ehe es in Inder und Perser, Griechen, Römer und Kelten, Litauer, Slaven und Germanen auseinanderging.

Der Versuch gelang; man ward in den Stand gesetzt, in großen Zügen die gemeinsame Grundlage zu entwerfen, auf welcher die höchstbeanlagte Menschenrasse in selbstständiger Entwicklung ihrer Völker weiterzubauen bestimmt war. Der erzielte Vortheil, welcher die Schranken geschichtlicher Ueberlieferung überspringt, ist ein großer; nur darf man nicht vergessen, daß das Mittel der Sprachvergleichung zu einer sehr zweischneidigen Waffe sich gestalten kann, deren ungeschickte Handhabung dem Cultur-historiker von Fach eher ein Lächeln als sein Interesse abgewinnt. Daß griechisch πόλις „Stadt" indischem (sanscritischem) *pur*, *puris*, *pura-m* „Stadt" verwandt sei, kann nicht zweifelhaft sein, und es hat in der That Forscher gegeben, die mit scheinbarer Consequenz den Indogermanen als wackeren Biedermann hinter Wall und Graben wohnen ließen. Uns will es natürlicher dünken, daß sich in beiden Sprachen der Begriff der Stadt selbstständig aus dem der Fülle (vgl. scrt. [sanscritisch] *puru-s* „viel" = griech. πολύς, got. [gotisch] *filu*) entwickelt habe.

Gefahrloser schreiten wir auf dem Felde der „oberirdischen" Sprachwissenschaft vorwärts.

Die Wörter einer Sprache sind für den Sprechenden kaum mehr als Marken, die man miteinander vertauschen könnte, wenn man eben darüber einig würde. Allein der Sprachforscher lehrt, daß alle diese scheinbar sinnlosen Lautcomplexe eine erste Bedeutung, einen Ursprung, eine Wurzel gehabt haben.

Betrachten wir eins unserer obersten Culturwörter, den „König"! Dieses Wort, das sich in fast allen germanischen Sprachen (vgl. ags. [angelsächsisch] *cyning*, engl. *king*) findet, heißt in seiner ältesten Gestalt *kuning* und bedeutet, als von got. *kuni*, ahd. (althochdeutsch) *chunni* abgeleitet (*kuni* = griech. γένος, lat. *genus*), so viel als „der einem Geschlechte angehörige", wozu die Worte aus Tacitus Germania 7: „*reges ex nobilitate sumunt*", „die Könige wählen sie aus edelem Geschlechte" vortrefflich passen.

Ein Wort aber kann immer nur e i n e Seite eines Dings oder einer Person hervorheben, und ein König besitzt gewöhnlich viele in die Augen springenden Eigenschaften. So faßt ihn das lateinische *rex: regere* als den „leitenden", das griech. βασιλεύς bedeutet nach einer sinnvollen Erklärung „den den Stein (den Königsstein nach vollzogener Wahl) betretenden" (βαίνω und λᾶς), das indische *gô-pá* ist eigentlich „Kuh-hirt", eine bei der Bedeutung der Viehzucht im Alterthum wohlverständliche, wenn auch heute lebensgefährliche Bezeichnung.

Eine jede Sprache also offenbart in ihrer Benennung ein Stück ihrer Anschauung, und es erhellt, daß sich so für eine vergleichende Begriffslehre der Völker eine Quelle öffnet, wie wir sie reiner und reichlicher fließend uns nicht wünschen können.

Aber weiter! Ein altes Beiwort des Königs und Fürsten ist im ags. (angelsächsischen) *hlâford* (woraus engl. *Lord*); das heißt *hlâf-weard* „*warder of bread*", „Brotherr". Der erste Theil dieser Zusammensetzung entspricht etymologisch dem gotischen *hlaifs* „Brot", unserem Laib, zu dem wir in „ein Laib Brot" (vgl. *pain [panis] de sucre*) erst mißverständlich das gleichbedeutende Brot hinzugesetzt haben. Dieses Wort heißt in den slavischen Sprachen *chlěbŭ*; da aber nach den deutsch-slavischen Lautgesetzen niemals ein germanisches *h* slavischem *ch* etymologisch entsprechen kann, so unterliegt es keinem Zweifel, daß die slavischen Sprachen das germanische Wort durch Entlehnung überkommen haben, daß mithin auch die wichtige Kunst des Brotbackens erst in späterer Zeit von dem Westen nach dem Osten vorgedrungen ist.

So tritt der Sprachforscher zu der Wiege der Wörter und begleitet sie weiter auf ihren oft verschlungenen Lebenspfaden.

Aber die Culturgeschichte ist dankbar für den Nutzen, der ihr zu Theil wird, und sie vergilt der Sprachwissenschaft Gleiches mit Gleichem gerade auf einem Felde, auf dem letztere es am nöthigsten hat, auf dem Gebiete des Bedeutungswandels der Wörter. Das ist ein dunkler, obgleich so unendlich wichtiger Punkt der Linguistik, und nur der eine Stern der Erkenntniß strahlt, Richtung und Weg angebend, dem Forscher, daß es doch vor allem, wenn auch oft minimale und kaum erkennbare cultur-historische Bewegungen sind, welche den bald langsam von Stufe zu Stufe schleichenden, bald launisch scheinbar überspringenden Bedeutungswandel nach sich ziehen.

Nehmen wir ein möglichst in die Augen fallendes Beispiel aus der romanischen Sprachfamilie!

Franz. *mousquet*, ital. *moschetto* heißen 1. Sperber (von der gleichsam mit Mücken [*mouches*] besprenkelten [*moucheter*] Brust). 2. Wurfgeschoß, Gewehr (davon unser „Muskete"), ferner ital. *terzuolo*, franz. *tiercelet* (*tertius, tertiolus*) 1. Männchen einer Art Habichte; 2. Sackpuffer, Terzerol. Welcher Gelehrte, und wenn er ein Salomo wäre, würde je den Uebergang von einem Sperber zum Mordgewehr, von einem Habicht zur Pistole haben begreifen können, — wenn ihn nicht eben die Culturgeschichte belehrte, daß Habicht und Sperber nicht minder als Falke einst die beliebten und besungenen Stoßvögel der mittelalterlichen Welt waren, die von dem Schießgewehr verdrängt den Arten desselben ihre Namen hinterließen?

Diese und hundert ähnliche Fälle zeigen dem Forscher, wie sorgsam er bei der Erklärung von Bedeutungsübergängen die jedesmaligen Culturverhältnisse zu prüfen hat und lehren ihn, in welcher Richtung seine Hypothesen sich zu bewegen haben, wenn sie Bedeutungswandel betreffen, der vor jede geschichtliche Tradition fällt.

Auch hier lehre ein Beispiel! Man war mit Recht erstaunt, als man die älteste Urkunde indogermanischen Geistes, die Veden (*veda*: Wurzel *vid*, *video* „das Wissen") der Inder mit dem heiligen Avesta des Zendvolkes verglich, bei der innigen Blutsverwandtschaft beider Völker doch in religiösen Ausdrücken eine einschneidende Differenz zu finden. So ist das vedische Götterbeiwort *asura* „göttlich" in den persischen Keilinschriften ebenso wie im Avesta — apers. (die Sprache der persischen Keilinschriften) und zend. (die Sprache des Zendavesta) sind nur zwei Dialekte des iranischen Sprachzweiges — zur Bezeichnung des höchsten Gottes *Ahuramazda (Ormuzd)* „Geist der Weisheit" verwendet. So ist das noch in allen anderen indogermanischen Sprachen nachweisbare vedische *dyôs pitâ* „Vater Himmel" im Avesta gänzlich verschwunden. Ja, so sind die *devâs* „die Lichtgötter im indischen Olymp" von dem Zendvolk zu Geistern der Finsterniß und der Hölle herabgewürdigt.

Indem man sich nun erinnerte, wie auch das Christenthum einstens es beliebte, zur Ehre der Mission die Tugenden der heidnischen Götter unseres Vaterlandes ihren Heiligen aufzubürden, dagegen die alten angestammten Göttergestalten selbst als Genossen des Teufels hinzustellen — *end ec forsacho allum diaboles uuercum and uuordum, Thuner ende Uôden ende Saxnôte ende allum thêm unholdum, thê hira genôtas sind* (Sächsisches Taufgelöbniß) —, so war der Gedanke ansprechend und befriedigend, auch jene iranischen Bedeutungsübergänge durch das despotische Auftreten der neuen Religionsform sich zu erklären.

Das bis hierher über die Beziehungen der Sprachwissenschaft zu der Culturgeschichte erörterte an einem ausgewählten Capitel der letzteren zu erproben, ist der Zweck der folgenden Arbeit, in der wir untersuchen wollen, was sich an der Hand der Sprache über die älteste Zeittheilung des indogermanischen Volkes ermitteln läßt. Ein Gegenstand freilich, von dem einer wohl glauben möchte, daß er sich für eine vergleichende Betrachtung unserer Einrichtungen mit den ehemaligen wenig eigne, da ja die ewigen Zeitenmesser des Himmels füglich von Anbeginn dieselben geblieben sind! — Sie zu uns, natürlich; aber auch wir zu ihnen?

Mit welch' bequemer Geschwindigkeit weiß sich heute auch der Knabe in dem unscheinbaren Büchlein zurecht zu finden, das er für wenige Groschen alljährlich bei dem Calendermanne ersteht! Und doch — jede Zahl, jedes Wort darin, welche Jahrtausende menschlicher Geistesarbeit enthüllen sie dem kundigen Blick.

Jede Wissenschaft entspringt einem Bedürfniß des täglichen Lebens, und sich in Zeit und Raum zurecht zu finden mußte eins der ersten und natürlichsten Bedürfnisse des Menschen sein. Aber noch ist sein Blick befangen von dem überwältigenden Eindruck, den die Natur mit ihren Erscheinungen auf Gemüth und Phantasie macht. Er erkennt keine Gesetze, er glaubt nur Götter; zu verfolgen, wie von den Banden der Nothwendigkeit einerseits, des Aberglaubens andererseits der menschliche Geist sich losreißend zu der reinen Höhe des Wissens und Erkennens emporsteigt, dürfte kein Thema geeigneter als das unsere sein.

Wir wollen uns hinab wenden zu der grauen Vorzeit unserer indogermanischen Ahnen und es uns gestatten, hie und da einen Blick zu werfen auf die Weiterentwicklung dessen, was sie fanden. Daß uns dabei nur das sprachlich interessante aufhalten wird, versteht sich von selbst, daß wir aber das deutsche Alterthum vor allem berücksichtigen werden, wird uns der deutsche Leser gern verzeihen.

Noch aber sind es andere Gründe, welche uns gerade zur Auswahl dieses Gegenstands bestimmt haben.

Die Eintheilung der Zeit eines Volkes ist eng verknüpft mit der Lage und dem Clima des Landes, in welchem es wohnt. Wo aber wohnte das indogermanische Urvolk? Wir werden es uns nicht versagen dürfen, dieser Frage näher zu treten.

Die Geschichte der Zeittheilung ferner ist eine Geschichte der Zeit. Das Vorwärts von dem eintönig dahinlebenden, sich kaum selbstbewußten Naturmenschen hin zu dem hastenden, nie rastenden *time is money* der Gegenwart liegt in ihr offenbart. So denke ich, gelingt es uns in der That unserer Aufgabe gerecht zu werden, so kann es nicht ausbleiben, daß zugleich bedeutungsvolle Streiflichter auf Leben und Treiben jener alten Zeiten fallen, und manches, das uns heute unsinnig oder doch zusammenhangslos erscheint, sich in die Beleuchtung des Alterthums gerückt als sinnig und bedeutungsvoll herausstellt.

Der Gang unserer Arbeit ist der von dem weiteren Begriff zu dem engeren, und so sprechen wir in einem

I. Capitel „über die Jahreszeiten".

„Erst unter ackerbauenden Völkern ordnen sich Gottesdienst und Zeitabtheilung".

(Jakob Grimm.)

Derjenige, welcher die Saat dem Schoße der Erde anvertraut und von ihrem Wachsen und Gedeihn Glück und Reichthum für sich und die Seinen hofft, ist es, welcher den Wechsel der Witterung sorgsam prüft und belauscht: von dem Landmann hat man die genaue Eintheilung und Benennung der Jahreszeiten zu erwarten.

Aber man weiß, vor der Culturepoche des Ackerbauers liegt die des Nomaden und Viehzüchters. Wir müssen uns vor allem klar werden, auf welcher dieser beiden Stufen befand sich das indogermanische Volk vor seiner Trennung?

Ich glaube, eine unbefangene Beobachtung der sprachlichen Thatsachen kann zu keiner anderen Antwort führen als: Der Sinn des viehzüchtenden Indogermanen hatte sich an die regelmäßige Arbeit des Pfluges noch nicht gewöhnt. Ich sage regelmäßig, weil die Culturgeschichte lehrt, daß die rohen Anfänge einer leicht aufgenommenen, leicht liegen gelassenen Bodencultur mit dem Leben eines Wandervolkes wohl verträglich sind.

Das Hauptwort des Landbaues, der „Acker", got. *akrs*, lat. *ager*, griech. ἀγρός bedeutet im scr. (sanscritischen) *ajras*: *aj* „treiben" noch Trift. Das Zeitwort für „pflügen" got. *ar-jan*, ahd. *erran*, lit. (litauisch) *ár-ti*, ksl. (kirchenslavisch) *ora-ti*, lat. *arare*, griech. ἀρόω fehlt in den arischen Sprachen; die Wurzel *ar* hat dort noch den allgemeinen Sinn der Bewegung. Dasselbe gilt von dem Wort für Pflug griech. ἄροτρον, lat. *aratrum*, ksl. *oralo*, die mit scrt. *aritram* „das Ruder" sich nicht vergleichen lassen; der alte Hakenpflug ist zu erkennen im got. *hoha* = lit. *szaká* „Ast, Zinke", unser etymologisch unklares „Pflug" ward als *plugŭ* von den Slaven entlehnt. Auch unser „mahlen" got. *malan*, lit. *malii*, lat. *molo*, griech. μύλλω läßt sich in diesem Sinne bei den Ariern nicht nachweisen. Bezüglich der Getreidearten sind die Gleichungen entweder unsicher — griech. κριθή, lat. *hordeum*, ahd. *gersta* —, oder sie beruhen auf Entlehnung — got. *hvaiteis* „Waizen" lit. *kvétys*, *kvéczei* — und immer weicht das Sanscrit aus. Das einzige scrt. *yava* „Feldfrucht" und „Feld", zend. *yava*, lit. *javai*, griech. ζεά „Spelt" fällt dem allen gegenüber wenig in die Wagschale. Soweit der sprachliche Anhalt für unsere Anschauung!

Auf dem Standpunkt nun eines ausschließlich von dem Ertrag seiner Heerden lebenden Volkes regt der Einfluß des Witterungswechsels den Menschen zuvörderst zu einer doppelten Beobachtung an: Er unterscheidet zwischen derjenigen Jahreszeit, in welcher seine Heerden auf Berg und Thal reichliche Nahrung finden, und der, in welcher der gastliche Stall sie vor den Unbilden der Witterung schützen muß.

> Ihr Matten, lebt wohl!
> Ihr sonnigen Weiden!
> Der Senne muß scheiden,
> Der Sommer ist hin.

Diese Worte des Dichters bezeichnen den wichtigsten Wendepunkt in dem Einerlei des Hirtenlebens.

Und eine Zweitheilung der Jahreszeiten ist es in der That, welche durch die Sprachvergleichung für jene indogermanische Urzeit bloßgelegt wird. Es entsprechen sich nämlich auf das bestimmteste einerseits: scrt. *hima, hêmanta* (wovon *Himálaya* „Schneegebirge"), zend. *zima*, griech. χειμών, lat. *hiems*, lit. *žēmà*, slav. *zima*; andererseits: scrt. *vasanta*, zend. *vaṅhra*, apers. *vâhara* (in dem Monatsnamen *Thuravâhara*), griech. ἔαρ (aus ϝέσαρ), lat. *ver*, lit. *vasarà*, slav. *vesna*, altn. (altnordisch) *vâr*.

Was nun die erste dieser Gleichungen anbelangt, so kann kein Zweifel walten, daß sie begrifflich gleich dem Winter unserer nördlichen Gegenden ist. Nicht nur, daß aus der ihr zu Grunde liegenden Wurzel *hi*, über deren hier geltende Bedeutung keine Vermuthung gewagt werden soll, in verschiedenen Sprachen Wörter für Schnee sich entwickelt haben, wie scrt. *himas*, griech. χιών, so ist auch unser deutsches „Schnee", got. *snaivs*, alth. *snêo*, wie sich durch Vergleichung mit lit. *snégas*, slav. *snĕgŭ*, lat. *nix, ningit*, griech. νίφ-α, νίφει, zend. çnizh herausstellt, durchaus indogermanischen Ursprungs. Wahrscheinlich vergleicht sich auch unser „Eis", engl. *ice* dem zend. *içi*: *paçca zimô içôis aiwigaitîm* „nach des Wintereises Ankunft".

Die zweite Gleichung, lat. *ver* mit seiner Sippe, führt auf eine Wurzel *vas*, welche allerdings sehr vielerlei bedeuten kann: „wohnen" z. B. im got. *visan*, unserem *ge-wesen*, „bekleiden" z. B. im lat. *ves-tis*, „aufleuchten" und anderes mehr. Dennoch ist es mir nicht zweifelhaft, daß unsere Entscheidung für die zuletzt genannte Bedeutung ausfallen muß. Die Gründe hierfür sind folgende: In der gesammten Naturanschauung der alten Welt ist keine Parallele consequenter durchgeführt als die von Sommer und Winter zu Tag und Nacht. Unter dem Schnee und Eis ebenso wie unter dem Mantel der Finsterniß scheint die Erde die Keime zu einem neuen Leben in sich verarbeitend zu schlummern. Vogelsang verkündet den Anbruch des Tages wie das Nahen des Sommers.

In der indogermanischen Welt nun ist es die Göttin Frühroth, *Uśâs rocamanâ* bei den Indern, $\dot{\eta}\omega\varsigma$ (= $\alpha\upsilon\sigma\omega\varsigma$ = *aurora*) $\dot{\rho}o\delta o\delta\acute{\alpha}\kappa\tau\upsilon\lambda o\varsigma$ bei Homer, welche „den heiligen Tag" ($\tau\grave{o}$ $\dot{\iota}\varepsilon\rho\grave{o}\nu$ $\tilde{\eta}\mu\alpha\rho$) der erwachenden Menschheit bringt. Wie nun dieses Wort ohne jeden Zweifel aus der Wurzel *us* „leuchten", die erst durch Zusammenziehung aus der volleren *vas*, vorliegend in der umbrischen Morgengöttin *vesuna*, entstanden ist, gebildet wurde, ist die Annahme nicht natürlich, daß man sich auch unter der freundlichen Jahreszeit das „Aufleuchten" der Natur nach langer Winternacht vorstellte?

Ferner, an der Thüre des Frühlings steht auf deutschem Boden seit uralten Zeiten das Osterfest, dessen Beibehaltung in der christlichen Kirche durch Verlegung der Auferstehung auf dasselbe am besten sein unausrottbares Bürgerthum im deutschen Volke bestätigt; die umwohnenden Völker gebrauchen merkwürdiger Weise sämmtlich das jüdische „Pascha".

Dieses Osterfest aber, von dem man auf eine Göttin Ostara geschlossen hat (vgl. auch *ŏstar* „morgenwärts") gehört ebenfalls zu der oben erwähnten Wurzel *us* und ist so recht ein Freuden- und Frühlingsfest. Helle Feuer lodern auf den Bergen; weißgekleidete Jungfrauen, so geht die Sage, zeigen sich zur Zeit des einkehrenden Frühlings in Klüften und auf Bergen.

So sicher wir bis hierher an der Hand der unter sich übereinstimmenden Sprachen vorwärts gegangen sind, so groß wird die Unsicherheit, sobald wir es versuchen, die übrigen uns geläufigen Jahreszeiten in dem Wortschatz der indogermanischen Ursprache nachzuweisen. Zwar haben die Ausdrücke für „Sommer" in den Einzelsprachen in sofern etwas verwandtes, als sie sämmtlich sich aus Wurzeln, welche „brennen", „heiß sein" bedeuten, ableiten; allein dieser so natürliche Umstand, der höchstens ein Licht auf die Art des Climas im gemeinsamen Mutterland wirft, berechtigt uns in nichts zur Annahme einer dritten, deutlich von den andern geschiedenen Jahreszeit. Die Wurzeln selbst weichen jedenfalls gänzlich von einander ab.

So gehört scrt. *ušnas, ušma* zu obigem *us* „brennen, leuchten", das in seiner ersteren Bedeutung in griech. εὔω lat. *uro* weiterlebt, scrt. *tapa, tapas: tap* (lat. *tepeo, tepor*) „warm sein", lat. *aestas* (franz. *été*, ital. *esta*): *idh* (griech. αἴθω) „anzünden", griech. θέρος: *ghar* „leuchten" (scrt. *gharmas*, zend. *garema* „Glut", apers. *garmapada*, ein Monatsname, lat. *formus*).

Unerklärt bleiben leider: got. *asans* 1. Sommer, 2. Ernte, (ahd. *aran*, mhd. *erne*), zend. *hama* und unser „Sommer" ahd. *sumar*, aglf. *sumor*.

Noch abweichender unter einander sind die Namen des Herbstes, da hier auch das Princip der Benennung ein verschiedenartiges ist. So viel ich sehe, lassen sich die Bedeutungen der Wörter für diese Jahreszeit unter drei Rubriken bringen:

1. Heißt der Herbst nach der Reife der Früchte. Hierher gehört auf das deutlichste unser „Herbst", ahd. *herpist*, agls. *hearfest*, verwandt mit griech. καρπός „Frucht", lat. *carpere* „pflücken". Aus einem andern Sprachgebiet findet sich hierzu eine schlagende Parallele im hebräischen *choref* „Herbst": *cháraf* „abreißen". Ferner scrt. *çarad*: Wurzel *çar* „kochen, reifen", mit dem man das lat. *Ceres, Cereris* zu identificiren gesucht hat, schließlich lat. *auctumnus*: *augeo*, lit. *augmù* „Wachsthum".
2. Kann sich der Herbst nach der Farbe der Blätter benennen, wie in lit. *rudù*: *rùdas* „braunroth" und 3. wird er in seinem zeitlichen Verhältniß, sei es zum vorhergehenden Sommer, sei es zum folgenden Winter aufgefaßt. Ersteres geschieht in griech. ὀπ-ώρα „Spätsommer", worüber später, letzteres in celt. *foghmar* „Vorwinter", serbisch *predzima* und ähnlichen. Unerklärt ist slav. *jeseni*, das sich in seiner Uebereinstimmung mit altpreußischem *assanis* „Herbst" als alt erweist.

Auf Grund dieser Thatsachen, deren Aufführung wir uns nicht versagen durften, tragen wir kein Bedenken, für die indogermanische Urzeit eine Zweitheilung der Jahreszeiten anzusetzen: An den schneebringenden Winter schließt sich die aufleuchtende, freundliche, helle Jahreszeit.

Daß aber die letztere bezeichnende Wurzel *vas*, bevor sie in den Chronologien der einzelnen Völker für den Begriff des Frühlings im engsten Sinne verwendet wurde, einen bei weitem größeren Zeitraum umfaßt habe, dafür bürgt ein direkter Beweis — indirekte werden wir noch vielfach kennen lernen — auf das bündigste. In der litauischen Sprache nämlich bedeutet *vas-arà* noch „Sommer". „Frühling" wird mit einer augenscheinlich jungen Bildung durch *pa-vásaris* „Vorsommer" ausgedrückt.

Wenn wir von einem Wechsel der Jahreszeiten gesprochen haben, so war derselbe selbstverständlich nicht bestimmt in der Weise, nach welcher wir eines schönen Tages, vielleicht bei Schnee und Eis, erwachend uns überreden müssen, der Frühling sei gekommen.

Lebendige Herolde der Jahreszeiten hat die Natur dem Menschen gegeben. Hören wir, was Aristophanes den Chor der Vögel sagen läßt:

πρῶτα μὲν ὥρας φαίνομεν ἡμεῖς ἦρος, χειμῶνος, ὀπώρας.
σπείρειν μέν, ὅταν γέρανος κρώζους' ἐς τὴν Λιβύην μεταχωρῇ,
καὶ πηδάλιον τότε ναυκλήρῳ φράζει κρεμάσαντι καθεύδειν,
εἶτα δ' Ὀρέστῃ χλαῖναν ὑφαίνειν, ἵνα μὴ ῥιγῶν ἀποδύῃ.
ἰκτῖνος δ' αὖ μετὰ ταῦτα φανεὶς ἑτέραν ὥραν ἀποφαίνει,
ἡνίκα πεκτεῖν ὥρα προβάτων πόκον· ἠρινόν. εἶτα χελιδών,
ὅτε χρὴ χλαῖναν πωλεῖν ἤδη καὶ ληδάριόν τι πρίασθαι.

„Erstlich verkündigen wir die Zeiten des Frühlings, Winters und Sommers; „säe", ruft der Kranich, wann er kreischend nach Libyen entweicht, „häng auf dein Steuerruder, spricht er zu dem Rheder, leg Dich schlafen" und zu Orest: „web' Dir 'nen Rock, damit Du nicht vor Frost ihn stiehlst". Die Weihe, die nachher erscheint, verkündigt die andre Zeit, wann man die Frühlingswolle den Schafen scheeren muß; dann aber kommt die Schwalbe, wann's an der Zeit den Winterrock verkaufen und ein Sommerkleid erstehn".

Wie sehr diese Anschauung im Volke wurzelte, erhellt am besten daraus, daß spätere Astronomen (z. B. Geminus) Ausdrücke wie χελιδὼν φαίνεται, ἰκτῖνος φαίνεται „die Schwalbe, die Weihe erscheint" geradezu ihren astronomischen Bestimmungen beimischen. Nicht minder gelten auf germanischem Boden Schwalbe und Storch für heilige Thiere. Noch im vorigen Jahrhundert, erzählt Jakob Grimm, waren die Thürmer mancher Städte

Deutschlands angewiesen, den nahenden Frühlingsherold anzublasen, wofür ihnen ein Ehrentrunk aus dem Rathskeller zu Theil wurde. Vornehmlich in England ist der Kuckuk der Frühlingsbote; die Kinder singen:

The cuckoo's a fine bird, he sings as he flies;
he brings us good tidings, he tells us no lies.
He sucks little bird's eggs to make his voice clear,
and when he sings „cuckoo", the summer is near.

Die Zweitheilung der indogermanischen Jahreszeiten nun, zu der wir auf sprachlichem Wege gelangt sind, wird durch die Betrachtung der ältesten Naturauffassung der verwandten Völker auf das glänzendste bestätigt. Um dies zu begreifen, müssen wir uns losmachen von der uns geläufigen späteren griechisch-römischen Auffassung, nach welcher die Horen als liebliche Jungfrauen, die vier Jahreszeiten darstellend, erscheinen, den Menschen die Gaben der Jagd, Blumen, Aehren und Trauben zu spenden. Die älteste Nachricht, die wir in der Ilias von den Horen haben, lautet:

Ἥρη δὲ μάστιγι θοῶς ἐπεμαίετ' ἄρ' ἵππους·
αὐτόμαται δὲ πύλαι μύκον οὐρανοῦ, ἃς ἔχον Ὧραι,
τῆς ἐπιτέτραπται μέγας οὐρανὸς Οὔλυμπός τε,
ἠμὲν ἀνακλῖναι πυκινὸν νέφος ἠδ' ἐπιθεῖναι.

„Und rasch trieb Here mit der Geisel vorwärts die Rosse: von selbst aber thaten sich auf die Himmelsthore, die die Horen bewachten; ihnen ist anvertraut der weite Himmel und der Olymp, zurückzuschieben das dichte Gewölk oder davor zu legen."

Wäre es gestattet, hierin einen Rest eines alten Naturmythos von Sommer und Winter zu erkennen? Den Griechen bringt ja der χειμών „Winter" die νέφη „Wolken" und den ἀθέσφατον ὄμβρον „unendlichen Regen"; Ἥρη aber gehört zur Wurzel *svar* „leuchten".

Wie dem auch sei, durch die Volksanschauungen der indogermanischen Völker zieht sich die Vorstellung von einem Gegensatz in der Natur, von einem Gegensatz und Kampf zwischen Winter und einer freundlichen Jahreszeit, mag diese nun als Frühling, Sommer oder Maizeit gefaßt werden.

Die Hymnen freilich des Rigveda („Veda der Lieder") wissen uns von den Leiden des Winters und den Freuden des Sommers nichts mehr zu erzählen. Alle Erinnerungen, die daran geblieben sein mochten, wurden in dem Clima des neuen Vaterlands auf den Kampf zwischen Indra und dem Vritra, der die Wolkenkühe gefangen hält, übertragen.

Um so reicher ist das Zendavesta: Ewiger Sommer herrschte im *Airyana (Iran)-vaêja* „der guten Schöpfung"; aber *Agramainyus* „das böse Princip" leidet dieses Glück nicht. Im I. Fargard heißt es:

„Dann schuf eine Opposition *Agra-mainyus (Ahriman,* wörtlich der böse Geist: *çpeñtô mainyus* „der heilige Geist" = *Ahuramazda*), der voll Tod ist: eine große Schlange und den Winter, den die Daevas geschaffen haben. Zehn sind dort Wintermonate, zwei Sommermonate. Und diese sind kalt an Wasser, kalt an Erde, kalt an Bäumen."

Im zweiten Fargard wird erzählt, wie Jima, der Begründer eines goldenen Zeitalters, für die Glücklichen einen kleineren Garten abzugrenzen befehligt wird, weil „über die mit Körpern begabte Welt die Uebel des Winters kommen möchten".

In höchst origineller Weise hat unser germanisches Alterthum den Gegensatz zwischen Sommer und Winter ausgebildet. Die persönliche Fassung beider findet sich bereits in der Edda: *Sumar* ist ein Sohn des *Svâsudr,* eines freundlichen und milden Mannes, *Vetr* „Winter" dagegen der Sproß des *Vind-lôni* oder *Vindsvalr,* dessen Vater *Vâsadr* heißt, ein grimmiges, kaltbrustiges Geschlecht. Merkwürdig ist, daß in einer sanctgallischen Urkunde vom Jahre 858 zwei Brüder Wintar und Sumar genannt werden.

Von den vielen Zeugnissen, welche über die Spiele, die sich an den Einzug des Sommers knüpfen, aus den verschiedensten Gegenden Deutschlands berichten, hören wir nur eins! In dem Weltbuch des Sebast. Franck vom Jahre 1542 heißt es:

„Zů mitterfasten ist der Rosensontag ꝛc. An disem tag hat man an etlichen orten ein spil, daß die buben an langen ruten bretzlen herumb tragen in der statt, und zwei angethone mann, einer in Singrün oder Ephew, der heißt der Summer, der ander mit gmoß angelegt, der heißt der Winter, dise streitten miteinander, da ligt der Summer ob und erschlecht den Winter, darnach geht man darauff zum wein."

Am Mittelrheine singt man:

„Ja, ja, ja, der Sommertag ist da,
er kratzt dem Winter die Augen aus
und jagt die Bauern zur Stube hinaus" ꝛc.

Aus der Gegenüberstellung beider entwickelt sich frühzeitig die Gesprächform. Der Sommer, der aus Oestreich (d. h. von Osten) kommt, rühmt, daß er die Scheunen fülle, Korn und Wein zeitige; man sieht wie weit der Begriff dieser Jahreszeit gefaßt ist. Auch der Winter preist seine Vorzüge. Zuweilen vertragen sich beide, und der Streit nimmt ein weniger tragisches Ende; auch hier weicht im Volksbewußtsein die Vorstellung von dem erbitterten Kampf beider Zeiten der Erkenntniß ihrer Nothwendigkeit und ihres Segens.

Auf griechischem Gebiet hat ein geistreicher Forscher (M. Müller) eine ganze Reihe von Naturmythen, darstellend die Vernichtung des Winters durch den Sommer, aufzudecken versucht. Die unglückliche Niobe ist ihm eine Göttin des Winters,

deren Namen er mit den indogermanischen Wörtern für „Schnee"
lat. *nix*, griech. *νιφει*, got. *snáivs* (vgl. oben) zusammenstellt
und im letzten Grund auf eine Wurzel *snu* „fließen" (ebenso
wie andere Gelehrte) zurückführt. Die Kinder des Winters nun
werden von den lichten Gestalten des Apollo und der Artemis
mit Sonnenpfeilen erlegt, und wenn Niobe noch in Stein ver-
wandelt, d. h. erstarrt, Thränen vergießt, so sind diese Thränen
die thauenden Schneeflocken auf der erfrorenen Erde.

In gleichem Sinn wird die Chione (χιών „Schnee") von
der Artemis, die Chimaera (χειμών „Winter") vom Bellerophon
getödtet.

Slavische Märchen wissen von einem Jüngling oder einer
Jungfrau zu erzählen, die in einem krystallnen Zauberpalast von
der Gewalt gerettet wird, die sie gefesselt hält. Wir denken dabei
an unser liebliches Dornröschen: der Kuß des Frühlings erlöst
die in tiefen Winterschlaf versunkene Erde. —

Die primitive Zweitheilung des Jahres in Winter und die
freundliche Zeit schien uns in erster Linie der Ausfluß der ein-
fachen Bedürfnisse des indogermanischen Hirtenlebens zu sein.
Es dürfte aber zu ihrer Erklärung ein zweiter, nicht zu unter-
schätzender Punkt hinzukommen.

Jakob Grimm macht in der deutschen Mythologie die fein-
sinnige Bemerkung: „Richtiger ist also das vorhin entwickelte
Verhältniß, daß je weiter nach Norden hin in Europa überhaupt
zwei Jahreszeiten, Sommer und Winter, vortreten, je weiter nach
Süden drei, vier oder fünf unterschieden werden."

Nach diesen Worten würde also die Zweitheilung des Jahres
auf ein nördliches Clima führen, und damit stimmt auch
L. Geiger in seinem Aufsatz „über den Ursitz der Indogermanen"
überein, wenn er sagt: „Mit der Voraussetzung, das Urvolk

der Indogermanen sei ein nordisches gewesen, verträgt sich auch vollkommen, was uns die Sprachen über climatische Verhältnisse verrathen. Der gemeinsame Wortvorrath zeigt uns Schnee und Eis, Winter und Frühling, aber nicht Sommer und Herbst".

Die Cardinalfrage ist die, müssen wir die indogermanische Wanderung von Ost nach West, von Asien nach Europa oder umgekehrt sich vollziehen lassen, ist der Ursitz der Indogermanen in Asien oder in Europa zu suchen?

Ich lege kein Gewicht darauf, daß das Sanscrit, die heilige Sprache Indiens, sowie die altiranischen Sprachen, Zend und Persisch, am treusten die Züge der gemeinsamen Mutter bewahrt haben; wir wissen nicht, wie das Gotische des Ulphilas oder die Sprache Cyrills und Methods aussehen würden, wenn sie uns aus dem Zeitalter der vedischen Hymnen überliefert wären. Aber seit frühester Zeit haben wir uns gewöhnt, nach Asien wie nach dem Morgenroth der Geschichte unsere Blicke zu wenden. Asien, die *officina gentium*, führte zu unserer ärmlichen Halbinsel die Künste und Erzeugnisse einer höheren Cultur. Von Ost nach West gehen alle die Wanderungen und Völkerschiebungen, deren die Geschichte gedenkt.

Wahrhaftig, es müßten schwer wiegende Gründe sein, welche uns für die erste und bedeutungsvollste Völkerbewegung eine entgegengesetzte Richtung anzunehmen zwingen könnten.

Aber die Gründe, welche man für eine solche Ansicht beizubringen versucht hat, müssen als völlig nichtssagend zurückgewiesen werden.

Mr. Latham, ein Engländer, stellt zuerst die Hypothese von dem europäischen Ursprung der Indogermanen auf: *"I submit, that history is silent, and that the presumptions are in favour of the smaller class having been deduced from the area of the larger rather than vice versa. If so, the situs of the*

Sanscrit is on the eastern or south eastern frontier of the Lithuanic, and its origin is European". Selbst die Richtigkeit dieser Behauptung zugegeben, gegen die sich freilich sehr viel einwenden läßt — man denke nur an die romanischen Sprachen: Latein (Italienisch) —, so ist mir doch das eine immer höchst wunderbar erschienen, warum Mr. Latham so durchaus die arische „Hälfte" für die „*smaller class*" der indoeuropäischen Sprachen erklärt, daß ihm die Vergleichung des Englisch in seinem Verhältniß zu den germanischen Sprachen („*there is no English in Germany*") passend erscheint. Das indische Volk unterwarf sich ein Indien, und Persiens Weltherrschaft machte Griechenland erzittern.

In unser liebes deutsches Vaterland setzt L. Geiger in dem oben erwähnten Aufsatz (enthalten in „Zur Entwicklungsgeschichte der Menschheit" Stuttgart 1871) die Wiege des indogermanischen Volkes. Er sucht, auf den Wortschatz der Ursprache gestützt, die Beweise für seine Ansicht beizubringen; es würde uns zu weit führen, hier näher auf sie einzugehen; erwähnt sei nur, daß A. Pictet in seinem großen Werk „*les origines indoeuropéennes*" dieselben Momente für ein Heimatsland der Indogermanen in den Quellgebieten des Oxus und Jaxartes geltend macht, ein Beweis, daß so nichts bewiesen werden kann.

So denke ich, bleibt uns trotz der gemachten Einwendungen das Recht, in einer der nördlichen, zu Viehzucht geeigneten Gegenden Vorderasiens die Ursitze des indogermanischen Volkes, die Scenerie unserer Darstellung zu suchen. Wo aber, ob auf der Hochebene Pamer, ob in Turkistan oder Bactrien, ob an den Gestaden des kaspischen Meeres, es ist Pflicht zu gestehen, daß die Wissenschaft in allen diesen Fragen noch in völliger Dunkelheit geht.

Wohl erzählt eine uralte indische Sage im *Çatapathabrāh-*

maṇa, wie ein Fisch dem Manu rathet, sich ein Schiff zu bauen, weil die Fluth kommen würde: „als die Fluth sich erhob, bestieg er (Manu) das Schiff: Der Fisch schwamm zu ihm heran, an dessen Horn band er das Tau des Schiffes, damit setzte er über „diesen nördlichen Berg". Von dort steigt Manu dann Nachkommen erschaffend in das Land (Indien) hinab. Wohl hat man allen Scharfsinn aufgeboten, an der Hand einer unschätzbaren Aufzählung persischer Landschaften im 1. Fargard des Avesta die allmähliche Ausbreitung und den Ausgangspunkt des Zendvolkes geographisch zu bestimmen: die Wissenschaft weiß noch nicht, ob diese Lichtpunkte Leuchten oder — Irrlichter sind.

Nachdem wir die Unterscheidung der Jahreszeiten in die Ursprache des indogermanischen Volkes zurückverfolgt, auch in ihre erste Heimat zurückzuführen wenigstens versucht haben, erübrigt es, in Kurzem der Veränderungen zu gedenken, welche die alte Zweitheilung des Jahres in der Sonderexistenz der einzelnen Völker durch neue Lebensformen und neue Climaten erfahren hat.

Während in der nördlichen Region, wohin die Heimat des Avesta zu setzen ist, nur Sommer und Winter (*hama* und *zima*) unterschieden werden, sind in den Hymnen des Rigveda, deren Sänger in den Gebieten des *Pendschab* leben und von der *Ganga* (Ganges) kaum etwas zu wissen scheinen, bereits *vasanta* „Frühling", *grîšma* „Sommer", *çarad* „Herbst", *hemanta* „Winter" neben einander genannt. Mit der Ausbreitung des indischen Volkes nach dem Süden wird selbst diese Vierzahl durch eine Sechszahl verdrängt: es stehen nun neben einander *vasanta, grîšma, varša, çarad, hemanta, çiçira*, im *Mahâbhârata* als sechs Männer gedacht, die mit goldenen und silbernen Würfeln spielen.

Bei Homer herrscht die Dreitheilung des Jahres: ἔαρ „Frühling", θέρος „Sommer", χειμών „Winter", wenngleich in festen Wendungen auch „Winter und Sommer" das ganze Jahr bezeichnen können. Vgl.:

τάων οὔ ποτε καρπὸς ἀπόλλυται οὐδ' ἀπολείπει χείματος οὐδὲ θέρευς.

Homer kennt zwar die ὀπώρη; allein diese ist bei ihm ganz etwas anderes als unser „Herbst" oder das spätere φθινόπωρον (erst bei Hippocrates). Die ὀπώρη wird in engem Zusammenhang mit θέρος genannt:

αὐτὰρ ἐπὴν ἔλθῃσιν θέρος, τεθαλυῖά τ' ὀπώρη.

In einer Stelle der Ilias wird der Hundsstern als in der ὀπώρη aufgehend bezeichnet (ἀστέρ' ὀπωρινῷ ἐναλίγκιον). Dieser Stern ging aber zu Homers Zeit und in seinem Clima gegen Ende des Julius in der Morgendämmerung auf. Man sieht wie dies merkwürdige Wort (ὀπ[Spät]-ώρη) mit seinem zweiten Theil nach dem Anfang des Jahres drängt; die Erklärung dafür folgt unten.

Auf germanischem Boden ist die älteste Nachricht von den Jahreszeiten die des Tacitus: *„hiems et ver et aestas intellectum ac vocabula habent; auctumni perinde nomen ac bona ignorantur".* „Winter, Frühling und Sommer unterscheidet und benennt man; aber des Herbstes Namen kennt man so wenig wie seine Gaben". Da aber Tacitus von den Germanen selbst berichtet, daß sie schon damals Getreide bauten, so kann sich, wie J. Grimm richtig bemerkt, das Wort *auctumnus* nur auf Obst und Nachheu beziehen; übrigens muß, wie die Vergleichung von ahd. *herpist*, aglf. *hearfest* beweist, das Wort „Herbst" schon in jenen Zeiten bekannt gewesen sein.

Es ist merkwürdig, daß gerade die germanischen Sprachen, nordisches *vår* = ver und nord. *ge*, norw. *giö* = zend. *zyāo* „*hiems*" ausgenommen, die ursprünglichen Namen der Jahreszeiten verloren haben. Got. *vintrus*, nord. *vetr*, aglf. *vinter*, ahd.

wintar ebenso wie „Sommer" (vgl. oben) sind dunkeln Ursprungs. „Frühjahr" und „Frühling" sind sehr junge Bildungen nach Mustern wie *primavera, printemps* ꝛc. Der alte Name für diese Jahreszeit ist das jetzt nur dichterische „Lenz"; man hat versucht, es dem slav. *lěto* „Sommer, Jahr" gleichzustellen; aber der Guttural der vor dem *z* ausgefallen ist: ahd. *lenzo, lengiz*, aglf. *lencten, lengten* macht diese Annahme unmöglich. Dürfte man vielleicht an „lang" aglf. *long* ꝛc. denken? Die „lange" Jahreszeit war ja *ver* mit seiner Sippe, das durch „Lenz" verdrängt wurde.

II. Capitel: Mond und Monat.

„Omnium admirationem vincit novissimum sidus terrisque familiarissimum".
Plinius hist. nat. II, 9, 41.

Der Leser, welcher uns bis hierher gefolgt ist, hat bemerkt, daß wir es sorgfältig vermieden haben, in die Urzeit unserer Väter die Kenntniß der Himmelszeichen hineinzutragen, welche uns für die Bestimmung des Jahreswechsels so geläufig ist. Wenn es auch wahr ist, daß die von den ältesten Dichtern so häufig erwähnte Beobachtung der Auf- und Untergänge der Sterne in der Morgen- und Abenddämmerung schon in frühen Zeiten zur Anordnung der Geschäfte gedient hat, so war doch in den ältesten Wörtern selbst überall der unmittelbare Eindruck der Witterungsverhältnisse niedergelegt.

Näher schon treten wir der Benutzung des Sternenhimmels zur Zeittheilung in dem jetzigen Capitel.

Bevor wir aber unserem eigentlichen Thema nahen, werden wir gut thuen, die hervorragendsten Himmelserscheinungen, wie sie in der Auffassung des Urvolks sich abspiegeln, einer kurzen Betrachtung zu unterwerfen.

In der griechischen Mythologie wird Akmon der Vater des Uranos genannt, in einer Hesychischen Gloſſe heißt es: Ἄκμων Οὐρανός, ἀκμονίδαι οἱ οὐρανίδαι. Ἄκμων aber heißt auf griechiſchem Sprachgebiet Amboß und Hammer. Wo iſt für dieſe merkwürdige Vaterſchaft die Erklärung zu finden?

Die Sprachvergleichung löſt dieſes Räthſel auf die artigſte Weiſe. In den perſiſchen Felſeninſchriften prangen vielfach die Worte:

Baga vazraka Auramazdā hya imām bumim adā, hya avam açmāna adā, hya martiyam adā u. ſ. w. „Ein großer Gott iſt Auramazda, welcher dieſe Erde gemacht hat, welcher dieſen Himmel gemacht hat, welcher den Menſchen gemacht hat". In dieſer Stelle iſt, wie man ſieht, der Begriff Himmel durch *açman* ausgedrückt, und dieſelbe Bedeutung hat unſer Wort im Zend ſowie in den modernen iraniſchen Dialecten.

In dem griechiſchem Akmon alſo, dem Vater des Uranos oder Uranos ſelbſt, (ἄκμων = *açman*) hat ſich eine Spur der alten Bedeutung „Himmel" erhalten, und da der erſte Sinn der ganzen Wortſippe zweifelsohne die des „Steines" iſt (Wurzel *ak*, lat. *acer* „ſcharf"), ſo liegt die Auffaſſung des Himmels als eines großen ſteinernen Gewölbes zu Grunde.

Verwandt ſind ferner lit. *akmů*, ſlav. *kamy* „Stein", auch unſer „Hammer", altn. *hamar*.

Der griechiſche Uranos, genealogiſch der Vater des Zeus, eigentlich „Himmel", führt uns auf eine weitere Auffaſſung des Himmelsgewölbes. Dies Wort iſt nämlich identiſch mit dem indiſchen *varuṇas*, das urſprünglich ebenfalls „Himmel", vor allem den ſternenbedeckten Nachthimmel bezeichnet hat. So heißt es noch in einer Stelle des Rigveda:

amī́ yá ṛikṣā́ nihitā́sa uccā́
náktaṃ dā́dṛiçre kúha cid díveyuḥ
ádabdhāni váruṇasya vratā́ni
vicā́kaçac candrámā náktam eti.

„Die Sterne droben, die des Nachts erscheinen
Wohin sind sie am Tage doch gegangen?
Untrügbar sind des Varuna Gesetze:
Es wallt der Mond weitglänzend durch das Dunkel."

Dieses Wort aber (*varuṇa* = οὐρανός) führt auf eine Wurzel *var* „einschließen, umhüllen", und als ob noch eine Erinnerung an die alte Etymologie hafte, sagt Hesiod in der Theogenie:

Aber zuerst erzeugte die Gaia gleichend sich selber
Uranos Sternenpracht, damit er rings sie umhülle,
Sei ein sicherer Sitz auf ewig den seligen Göttern.

Eine gleiche Vorstellung, welche den Himmel als Hülle der Erde faßt, findet sich in einer großen Zahl von indogermanischen Wörtern. So gehört lit. *dangùs* „Himmel": *dengiu* „ich decke", lat. *caelum:* griech. χνέω „fasse", so unser „Himmel" selbst zu einem allerdings verschollenen *himan* „bedecken", das sich aber noch in „Hem-d" und ahd. *lich-hamo* „Leichnam" = Körperdecke findet.

Slavisch *nebo* „Himmel" = scrt. *nabhas* „Gewölk", lat. *nubes* meint das Wolkenmeer.

Beiläufig sei hier die Bemerkung gemacht, daß sowohl in indogermanischen als in nicht indogermanischen Sprachen eine Uebertragung des Himmels in seiner Bedeutung als „Decke" auf einen Körpertheil, nämlich auf den Gaumen, sehr gewöhnlich ist. Russisches *nebo* heißt Himmel und Gaumen, der Litauer sagt für letzteren geradezu *burnós dangùs* „des

Mundes Himmel", ebenso der Spanier *cielo de la boca*, der Neugrieche οὐρανίσκος, der Finne *suun laki* „des Mundes Dach".

Aristoteles sagt in seiner Schrift „*de caelo*": „Die Alten theilten den Göttern den Himmel und die obere Region zu, gleichsam als wäre sie allein unsterblich (ὡς οντα μόνον ἀθάνατον)", und es ist eine durch hundert Analogien aus allen Völkergebieten bestätigte Thatsache, daß in der Sprache der Naturreligionen kein häufigerer Uebergang stattfindet als der von der Bedeutung eines Wortes „Himmel" zu der der Gottheit, des Gottes.

In wie weit dies bei den beiden bis hierher besprochenen Wörtern *açman* = ἄκμων, *varuṇas* = οὐρανός bereits in der Ursprache geschehen ist, wird sich nicht ermitteln lassen, sicher ist der Uebergang durch die gleichmäßig in mehreren Sprachen sich findende Hinzusetzung von „Vater" bei einem dritten ursprünglich „Himmel" bedeutenden Wort gestellt: Lat. *Ju-piter*, griech. Ζεὺς πατήρ (germ. *Tiu, Ziu* „der Kriegsgott") entspricht vedischem *Dyôs pitá* d. i. „Vater Himmel". Dies Wort aber stellt sich zur Wurzel *div* „strahlen"; der Himmel erscheint somit als der „glänzende, leuchtende", wie auch in einem anderen vedischen Wort für *caelum suar* (: *svar* „glänzen") die gleiche Auffassung sich ausspricht.

Mit verehrender Andacht schaute das Auge des Indogermanen zu dem Himmel empor, in welchem er den Vater des Alls erblickte. Wie hätte nicht die hehre Sternenpracht, hingestreut durch die Nacht — das indogermanische Wort für „Stern" gehört in der That zu einer Wurzel, welche „streuen, säen" bedeutet: griech. ἀστήρ, lat. *stella* (aus *sterula*), ahd. *sterro*, scrt. *star-as* „Sterne", zend. *çtare*: W. *star* in *sternere*, unserem „streuen" (auch „Stroh") u. s. w. — frühzeitig den bewundernden Blick auf sich ziehen sollen?

Was am Tage die Perlenbrücke des Regenbogens, das ist in der Nacht, anregend für Phantasie und Gemüth, der Sternenbogen der Milchstraße, die zu einer eigenthümlichen Kette von Vorstellungen Anlaß gegeben hat.

Im Niederdeutschen ist ein Name der Milchstraße Nierenberger *pat* (volksetymologisch zuweilen Nürnberger Pfad). Nierenberg ist = Niederberg; es ist der Pfad gemeint, der zu dem Niederberg, Unterberg führt; denn auf einem Berg dachte man sich den Aufenthalt der Todten in der Unterwelt. Eine andere niederdeutsche Benennung der Milchstraße ist *kaupat* = Kuhpfad, die Litauer sagen *paukszcziu kélas*, d. i. Vögelpfad, die Großrussen sogar *myšiny tropki* „Mäusepfad". Wie in aller Welt hängt das alles zusammen?

In den Hymnen des Rigveda ist viel von dem *devánám* (*devayánaḥ*) *pantháḥ* „dem Götterpfade" sowie von einem Wege des Jama die Rede. Den Pfad des Jama wandeln heißt soviel als sterben. Jama, wird gesagt, hat uns zuerst den Weg gewiesen. Dem Todten wird zugerufen:

„Geh' hin, geh' hin auf jenen alten Pfaden,
Auf denen unsre Väter längst schon gingen,
Die beiden Fürsten, die in Wonne schwelgen,
Gott Varuna und Jama wirst Du schauen."

Der Pfad des Jama nun führt aufwärts zu dem *svargaloka* „dem Himmel," abwärts zu der Nirritis, der strafenden Göttin des Verderbens, vor der man schaudert, und die man bittet, daß sie in Einverständniß mit *Jama* und *Jamî* den Menschen in den obersten Himmel erheben möge.

Gründliche Untersuchungen haben keinen Zweifel gelassen, daß unter den Wegen, auf welchen die Seelen ihrer zukünftigen Bestimmung zuwandeln, nichts anderes als die Milchstraße zu verstehen ist. Im Indischen wird ausdrücklich gesagt, der Götterpfad gehe nördlich von Stier und Widder, südlich von dem großen Bär.

Aber wie in der griechischen, so scheidet in der indischen Mythologie ein Fluß (*Vaitaraṇi*) das Reich der Verschiedenen. In einer indischen Ueberlieferung heißt es: „Am zwölften Tage nach dem Ableben wird noch ein anderes Kuhgeschenk gemacht und dabei eine Formel recitirt, kraft welcher die Seele, die bis dahin noch in dieser Welt gewesen, von einer Kuh aus der Götterwelt über den rothen Blutfluß *Vaitaraṇi* in den *pitṛiloka* (d. i. der Ort, wo die *patres* sind) gebracht wird."

Hier also finden wir die Erklärung für unser „*kaupat*." Was das litauische *pauksziu kėlas* „Vögelpfad" anbelangt, so ist es eine namentlich bei den slavischen Völkern geläufige Anschauung, daß die Seele aus dem Munde des Sterbenden als Vogel von dannen fliegt. Auch in unserem Märchen vom Machandelbaum heißt es ja:

Mein Schwesterlein klein, | Hub auf die Bein',
An einem kühlen Ort, | Da ward ich ein schön Waldvögelein.
Fliege fort, fliege fort! |

Ebenso erklärt sich das russische „Mäusepfad" aus einer großen Reihe von Sagenzügen, nach denen dem Schlafenden ein Mäus'chen (die Seele) aus dem Munde läuft. Vgl. Goethes Faust:

„Ach mitten im Gedränge sprang
Ein rothes Mäus'chen ihr aus dem Munde."

So vermögen zerstreute Trümmer noch einmal eine vergangene Welt uns heraufzuführen.

Die allgemeine Einleitung, welche den Zweck hatte, zu zeigen, wie in jener ältesten Epoche der Sprache und der Religion die Beobachtung der Natur und ihrer Erscheinungen von einer schöpferischen, alles belebenden, alles menschlich näher zu rücken sich bestrebenden Phantasie durchzogen wird, muß hiermit ihr Ende erreichen. Im Folgenden beschäftigen uns ausschließlich die beiden großen Leuchten des Tages und der Nacht, Sonne und Mond.

Es ist eine eigenthümliche Thatsache, daß in der Mythenbildung fast aller Völker des Erdballs die beiden großen Gestirne in einen Zusammenhang mit einander gebracht werden, und zwar in der Weise, daß ein mit den buntesten Seifenblasen der Phantasie umgebener geschlechtlicher Gegensatz zwischen ihnen statuirt wird.

Aus nicht arischem Gebiet genüge eine Erzählung der Eskimos, die wir einer Abhandlung M. Müllers „über die Philosophie der Mythologie" entnehmen:

„Es war einmal ein Mädchen auf einem Fest. Da gestand ihr Einer seine Liebe, indem er sie an den Schultern faßte, wie es im Lande Sitte war. Sie konnte in der dunklen Hütte nicht sehen, wer es war; da beschmierte sie ihre Hände mit Ruß und als er wieder kam, machte sie seine Wangen mit ihren Händen schwarz. Als ein Licht gebracht wurde, sah sie, daß es ihr Bruder war und entfloh. Er rannte ihr nach, verfolgte sie und als sie an's Ende der Erde kam, sprang er in den Himmel hinaus. Dann wurde sie die Sonne und er der Mond, und deswegen jagt der Mond fortwährend die Sonne über den Himmel und deswegen ist der Mond manchmal schwarz, wenn er seine geschwärzten Wangen der Erde zudreht."

In den indogermanischen Sprachen fällt die Rolle des Mannes bald dem Monde, bald der Sonne zu, und es läßt sich kaum entscheiden, welche Anschauung hierin die ältere sei. Sicherlich ist auf germanischem Boden das männliche Geschlecht des Mondes durchgehend. „*Mundilföri*, sagt die Edda, hatte zwei Kinder, einen Sohn *Máni* und eine Tochter *Sól*, beide wurden an den Himmel versetzt."

Gewöhnlich indeß ist das Verhältniß kein geschwisterliches sondern ein eheliches.

So erzählt schon ein Hymnus des Rigveda, wie *Savitā* seine Tochter *Sūryā* „Sonne" dem *Soma* „Monde" zur Frau gibt.

Sehr tragisch ist eine russische Vorstellung. „Die Sonne ist nämlich mit ihrem Gemahl, dem Monde, der ein sehr kühler Ehemann ist, nicht zufrieden. In Folge einer Wette trennen sie sich: er leuchtet des Nachts, sie des Tages; nur zur Zeit der Sonnenfinsternisse nähern sie sich und machen sich gegenseitig Vorwürfe. Im Schmerze nimmt der Mond, der die Trennung bereut, dann ab und schwindet, bis ihn die Hoffnung wieder belebt und voller rundet."

Fast die Fortsetzung dieser Tragödie könnte man in einem litauischen Volkslied erblicken, in dem sich der „Herr" Mond, der Freund der Verliebten, über seinen Verlust getröstet zu haben scheint. Hören wir die kleine *daina*:

> Der Mond führt heim die Sonne,
> Es war im ersten Frühling.
> Die Sonne stand schon früh auf,
> Der Mond sich von ihr trennte.
>
> Er ging allein spazieren,
> Verliebt sich in den Frühstern;
> Da ward Perkunas zornig,
> Zerhieb ihn mit dem Schwerte.
>
> Warum hast Du getrennt Dich?
> Bist einsam Nachts gewandelt?
> Verliebst Dich in den Frühstern? —
> Da war sein Herz voll Trauer.

Nach dieser kurzen Charakteristik des Verhältnisses beider Gestirne zu einander, dürfen wir sie gesondert und in ihrem Zusammenhang mit dem Menschen und seinen Einrichtungen betrachten.

Die Wörter für „Sonne" lassen sich auf indogermanischem Sprachgebiet auf drei verschiedne Wurzeln zurückführen. Diese sind:

1) *svar* „leuchten"; zend. *hvarě*, scrt. *sûrya* (aus *svarya*) griechisch Σείριος „der Sirius", „Sonne", lat. *sôl*, lit. *sáulé*, slav. *slŭnice*, got. *sáuil*, nord. *sôl*.

2) *su* „schaffen, hervorbringen", scrt. *Savitā* „Sonne" (der Vater der *sûryā*) wie auch im lit. die Sonne *saulýtė dévo dukté* „Gottestochter" heißt; vielleicht ferner die germanischen Wörter got. *sunnô*, ahd. *sunna* „Sonne", die Jakob Grimm zu einem Verbum *sinnan* „reisen" stellt und so die Sonne als die „welche am Himmel reist" deutet.

3) *vas, us* „leuchten"; griech. ἥλιος (aus *aus-elios*), lat. *Auselius*, eine sabinische Gottheit.

Auch eine flüchtige Beobachtung obiger Gleichungen ergibt, daß in keiner derselben die geringste Beziehung zu Zeit und Zeittheilung enthalten ist. An dieser Stelle genüge es, dies zu constatiren.

Dennoch hat von frühester Zeit an das Sonnenlicht dem Menschen dazu gedient, sich in einem anderen Verhältniß, nämlich in dem Raum, zurecht zu finden. Betend wendet er sich und frohlockend der aufgehenden Sonne zu, und in dieser Stellung nach Maßgabe seiner beiden Hände scheidet er die Gegenden des Himmels. Diese uralte Sitte wird in dem indischen Sprachgebrauch noch treulich abgespiegelt. *Prāc, prānc* bedeutet dort „vorwärts gewandt" und „östlich", *dakšina* (wovon Dekhan seinen Namen hat) „rechts" und „südlich", *savya* „links" und „nördlich", *apac* und *apara* „hinten" und „westlich".

Frühzeitig freilich schon müssen die übrigen Völker diese erste und primitivste Art und Weise der Bezeichnung der Himmelsgegenden, die rein und unvermischt auch bei nicht arischen Völkern, z. B. bei den Hebräern, sich findet, aufgegeben und andere Motive der Benennung hervorgesucht haben; so vor allem den Lauf der Sonne und die sich daran knüpfenden Tageszeiten (Aufgang der Sonne: lat. *oriens*, zend. *upaosanuhva*: *usanh* „Frühroth", griech. $\alpha i\ \tau o\tilde{\iota}\ \dot\eta\lambda ίο\upsilon\ \dot{\alpha}\nu\alpha\tau o\lambda\alpha ί$, unser „Osten"; Tageszeit: lit. *rýtai*, unser „Morgen". Untergang der Sonne: lat. *occidens*, griech. $\alpha i\ \delta\upsilon\sigma\mu\alpha ί$; Abendzeit: zend. *daosatara*: *daosa* „Abend", lit. *vákarai*, griech. $\dot{\epsilon}\sigma\pi\acute{\epsilon}\rho\alpha$, unser „West": got. *vis* „Ruhe" ꝛc.); der Norden wird gewöhnlich als die dunkle, finstre Gegend bezeichnet, so zend. *apáktara* „gestirnlos", griech. $\zeta όφ o\varsigma$. Zuweilen wird auch geradezu eine in einer bestimmten Richtung gelegene Gegend, sei es ein Meer, sei es ein Berg, für die betreffende Himmelsgegend gesetzt: Hebr. *yâm* heißt 1. Meer (Mittelmeer) 2. Westen; auch unser „Nord" (vgl. Norne, ursprünglich Meeresgöttin) soll die Gegend meerwärts bezeichnet haben.

Nur in dem äußersten Westen, in den celtischen Sprachen, findet sich der deutliche Abglanz jener ursprünglichen Benennungsmethode wieder, ja eine Ceremonie des Altindischen das *pradaksinam mandalam*, d. h. eine Ehrenbezeigung, die darin besteht, die zu verehrende Persönlichkeit so zu umwandeln, daß man ihr immer die rechte Seite zukehrt, findet ein treues Spiegelbild in dem gälischen *deas-iul*, eine Verehrung, die von kranken und schwangeren Frauen um Kapellen und heidnische Altäre ausgeführt wird.

Aber nicht der Raum, die Zeit hat uns hier zu beschäftigen. Wo finden wir den ersten Anhalt, der auf den Ruhm astronomischer Betrachtung Anspruch erheben kann, für ihre Theilung?

Uebereinstimmend in allen indogermanischen Sprachen gilt als Wort für „Mond", mit „Monat" vielfältig zusammenfließend,: scrt. *más*, zend. *máoñh* verglichen mit griech. μήν, μήνη, lat. *mensis*, lit. *mĕnŭ*, got. *mena* ꝛc. Das griech. Σελήνη „die Mondgöttin" von Wurzel *svar* „leuchten", ebenso *luna* aus *luc-na*: *luc-ere* sind aus ursprünglichen Beinamen der *Mene*, welche bei Griechen und Römern (bei letzteren als *dea menstruationis*) noch bekannt ist, sehr gefährliche Nebenbuhlerinnen derselben geworden.

Die angeführten Worte für „Mond" und „Monat" aber gehen sämmtlich im letzten Grund auf eine Wurzel zurück, welche noch im scrt. *má-mi*, *má-si*, *mâtram* = μέτρον vorliegt und demnach „messen" bedeutet.

So wird also der Mond, der stille Wandler am Himmelszelt, „the golden hand on the dark dial of heaven" (M. Müller) durch die Sprache selbst, als der „Messer der Zeiten" gekennzeichnet, und uns ist das volle Recht gegeben, in dem von ihm bedingten Monat den ersten und sichersten Ansatz einer geordneten Zeitrechnung zu erblicken.

Der reine, ungebundne Mondmonat beträgt bekanntlich 29 Tage, 12 Stunden, 44 Minuten und einen Bruchtheil von Sekunden, und daß er in dieser von der Natur gegebenen Dauer sowohl in der Urzeit als auch bei den einzelnen Völkern noch eine geraume Zeit gegolten habe, dafür gibt es einen direkten und unumstößlichen Beweis, den ich bei seiner Wichtigkeit nicht übergehen darf.

Wenn in der vedischen Zeit ein Kind als ein reifes, ausgetragenes bezeichnet werden soll, so wird es *daçamasya* „ein zehnmonatliches" genannt. In einem Gebet um Fruchtbarkeit des Weibes wird gesagt:

*tám te gárbham havâmahe
daçamé mâsi sú'tave.*

„Um die (im Vorhergehenden näher bestimmte) Frucht bitten wir zur Niederkunft im 10 Mond."

Auch im Avesta ist vielfach von einer zehnmonatlichen Schwangerschaft die Rede. Die alten Texte stehen also in diesen Angaben auf einer Stufe mit unsern medicinischen Handbüchern, die die Dauer der Schwangerschaft ebenfalls auf 10 (Mond-) Monate, nicht, wie im gewöhnlichen Leben geschieht, auf 9 fixiren. Welcher Schluß daraus auf die Länge der Monate zu ziehen ist, ist leicht ersichtlich.

Der Monat wird naturgemäß durch die beiden sich entgegengesetzten Phasen des Mondlichts, Voll- und Neumond in zwei Hälften getheilt, welche die Inder *çuklapakša* und *kṛišnapakša* „die helle und die dunkle Hälfte" nennen.

In den verwandten Sprachen entsprechen sich einerseits für Vollmond: scrt. *púrṇamâ*, zend. *pěrěnomaońha*, griech. πληροσέληνον, lat. *plenilunium*, ahd. *follêr máno* u. s. w.; andererseits für Neumond griech. νεόμην, lat. *novilunium* ꝛc., im Sanscrit heißt es *navâha* „neuer Tag", im Litauischen *jáunas ménů* „junger Mond".

Im Rigveda werden *Râkâ* als Vollmond, *Gungu* als Neumond, *Sinivali* als letzte Nacht vor Neumond angerufen, etymologisch unklare Namen. Ein merkwürdiges Wort hat sich in der deutschen Sprache eingebürgert: *wedel, wadel*, meistens als Vollmond, zuweilen im Sinne des indischen *Sinivali* (*interlunium*) gebraucht. Es hängt mit „wedeln, schweifeln" zusammen. Jakob Grimm meint: „es wird entweder wie *zunga, tûngl* auf die Spitze des strahlenden Lichts zu beziehen oder der Mond das am Himmel schweifende Gestirn sein."

Feierten die Indogermanen Feste, so müssen die Neumonds-feierlichkeiten schon frühe zu diesen gehört haben. Hier ist un-möglich die Fülle der Gebräuche, welche sich bei den verwandten Völkern an das erste Sichtbarwerden der Mondsichel knüpfen, auch nur anzudeuten.

Nur eines römischen Gebrauches soll hier kurz gedacht werden, weil sich aus ihm das Wort erklärt, über dessen erste Anfänge wir in dieser ganzen Arbeit handeln, des „Calenders". Dasselbe geht aus lat. *calendarium*, einer Ableitung aus lat. *calendae* „Monatsanfang" hervor. Am ersten Tage eines jeden Kalender-monats nämlich wurde auf Befehl des Königs (später Opfer-königs) vor der auf dem Burghügel versammelten Menge durch die Pontifices **abgerufen**, ob von diesem Tage an bis zum Tage des ersten Viertels einschließlich fünf oder sieben Tage zu zählen sein; wovon dieser Tag der Rufetag (*calendae: καλεῖν*) genannt ward (Mommsen).

Für eine weitere Theilung des Monats denn in zwei Hälften fehlt jeder sprachliche und sachliche Anhalt. Die Einführung der 7tägigen Woche wird uns an einer anderen Stelle beschäftigen; hier sei nur vorausgenommen, daß unser „Woche" selbst, ahd. *wëcha*, got. *vikô* noch im gotischen eine viel allgemeinere Bedeutung gehabt hat: *miththanei gudjinôda is in vikôn kunjis seinis* heißt „als er sein Amt verwaltete „in der Ordnung seiner Tagereihe" vor Gott."

Der Mond ist der Messer der Zeit; darum ist er der Herr über Wachsen und Vergehn, als von dem Vorrücken der Zeit bedingt. Dazu kommt, daß man dem Mondlicht schon frühzeitig einen direkten (von der Wissenschaft vielfach geleugneten) Einfluß auf die Vegetation der Erde, den Menschen (vor allem das weib-liche Geschlecht) und seine Schicksale zuschreibt. Es ist nicht die Aufgabe dieser Arbeit, den rothen Faden zu verfolgen, an welchem dieser Glaube oft dunkel und unheimlich, oft kindlich und heiter sich durch Alterthum und Neuzeit hindurchzieht. Nur seiner zwei ältesten Zeugnisse auf germanischem Boden sei hier gedacht: Caesar berichtet von den Germanen, weise Frauen hätten den Ariovist gewarnt, sich vor Neumond zu schlagen. Tacitus überliefert: „Wenn nichts dringendes und unerwartetes vorfällt, versammeln sie sich an bestimmten Tagen, wann der Mond zuzunehmen beginnt oder voll ist; denn das meinen sie, sei für Unternehmungen der geeigneteste Zeitpunkt."

Nach den bisherigen Erörterungen dürfen wir uns zur Beantwortung der für die richtige Auffassung des Bildes der indogermanischen Zeittheilung, wie mir scheint, wichtigsten Frage wenden.

War das indogermanische Volk bereits vor seiner Trennung über die Unterscheidung gesonderter Jahreszeiten, über die Beobachtung und Benutzung des regelmäßig sich erneuenden Mondlichts hinausgegangen, hatte es den Versuch gemacht, eine bestimmte Zahl von Monaten in den Umlauf der Jahreszeiten hineinzurechnen, so daß diese Monate gewissermaßen jährlich neugeschaffene Individuen wurden, mit einem Wort, hatten die Indogermanen den Begriff des Jahres ausgebildet? Ich glaube, unsere Antwort darf ein entschiedenes „Nein" sein.

Die Beweise dafür stellen wir in folgendem zusammen.

Der aufmerksame Leser der vedischen Hymnen findet in denselben eine doppelte Methode der Jahreszählung in Anwendung: einmal nämlich die der *pars pro toto*, indem eine einzelne Jahreszeit für das ganze Jahr gesetzt wird, zweitens die der Aufzählung der Jahreszeiten neben einander. In ersterem Sinne heißt es in einem Lied an die *Adityás*: „Hundert „Herbste" schenke (*Varuna*) uns zu schauen." In einem andern an Indra: „den nicht altern machen „Herbste", noch Monde, nicht abmagern die Tage." In einem dritten an die Maruts: „dies mein Lied, Maruts, nehmt an, durch des Beförderung wir durch hundert „Winter" kommen mögen." Die andere Ausdrucksweise liegt in Sätzen, wie: „Hundert Herbste lebe zunehmend an Kraft, hundert Winter und hundert Lenze" u. a. m.

Es fragt sich nun, dürfen wir in den geschilderten Sitten etwas alterthümliches und ursprüngliches erblicken, und in der That finden wir in dem germanischen Alterthum ihre schlagendste Parallele wieder. Uns müssen wenige Beispiele genügen.

Ulphilas übersetzt „ein Weib, welches den Blutlauf zwölf „Jahre" hatte", durch *qinô blôthrinnandei tvalib vintruns*, im Nordischen wird ein mündiger Jüngling ein „zwölfwintriger" genannt. Sommer und Winter werden neben einander aufgezählt im Hildebrandslied: *„ik wallôta sumaro endi wintro sehstic"* (= 30 Jahre, 60 Semester, aglf. *missere*, altn. *misseri* = aglf. *midde-geâr* „Halbjahr".). Im sächsischen *Héliand* begegnen Sätze wie: *thea habda sô filu wintro endi sumaro gilibd*. u. s. w. Selbstverständlich meinen wir nicht, daß in der Urzeit beide Gebrauchsweisen gleich geläufig gewesen seien. Das verbietet schon die Schwerfälligkeit und Breite der zweiten, die wohl zumeist in feierlichen Heil- und Segenssprüchen, deren Existenz für das älteste Alterthum gewiß ist, gegolten haben mag.

Den Bedürfnissen der täglichen Rede genügte es, das künftige oder vergangene Jahr kurzweg durch eine Jahreszeit zu bezeichnen. Wahrscheinlich wurde hierzu der das ganze Leben des Hirten mit seinen Schrecken bedrohende Winter vorzüglich gewählt; denn auch im Zend bedeutete *zima* „Jahr", und auf indischem Gebiet scheint erst nach und nach der „Herbst" gänzlich die Rolle des „Winters" zu übernehmen. Ist das Gesagte richtig, so dürfen wir eine Erwartung zuversichtlich aussprechen: In den Wörtern für „Jahr" der verwandten Sprachen müssen sich Spuren der alten Ausdrucksweise finden.

Und wirklich geht durch die indogermanischen Sprachen der unverkennbare Zug, die ursprüngliche Bedeutung einer Jahreszeit zu vergessen und dieselbe zum Ausdruck der vereinigten Jahreszeiten zu benutzen.

Die vedischen *hema* „Winter" und *çarad* „Herbst" verrathen nur noch durch ihre Etymologie und ihre Zusammenstellung (in der zweiten Zählmethode), daß sie nicht von Anfang an „Jahr" bedeutet haben. Ersteres steckt als lat. *hiems* in *bīmus, trīmus, quadrīmus* „zweijährig" u. s. w., die Entsprechungen des zweiten, zend. *çaredha*, neupers. *sál* heißen „Jahr" und nichts anderes.

Die späteren Inder haben — charakteristisch genug für ihr Clima, in welchem die Regenzeit den wichtigsten Wendepunkt des Jahres bildet — zwei Wörter für das regnerische Wetter *varśa*: *vriś* „regnen" und *abda* = *ap* (*aqua*) + *da* (*dans*) „Wassergebend" zur Bezeichnung des Jahres verwendet. Ob auch slav. *lěto* ursprünglich „Regenzeit" war: *lýti* „regnen", mag dahin gestellt sein; jedenfalls ist aus der Bedeutung „Sommer" die des „Jahres" hervorgegangen.

So ist es auch höchst wahrscheinlich, daß unser „Jahr" selbst einen ähnlichen Weg gemacht hat; sicherlich läßt die Gleichung:

„slav. *jarŭ* „Lenz", griech. ὥρα „Sommer" in ὀπώρα = 1. zend. *yáre* „Jahr"; 2. germ. got. *jêr*, aglf. *geâr*, engl. *year*; 3. lat. *hôrnus* = *hojornus* „*hiu jaru*" = *heuer*" nur wenig Bedenken zu.

Ob die Wurzel *yā* „gehen" dabei zu Grunde liegt, so daß der Frühling die „ankommende" Jahreszeit wäre, (im zend. bedeutet *aiwiyáma* „herankommend" Winter und Jahr) ist dabei von geringerem Interesse.

Eine andre Reihe von Wörtern, die indeß etymologisch gänzlich unverwandt, entwickelt den Begriff des Jahres aus dem allgemeineren des Zeitraumes. Hierher gehört lit. *métas, métai* „Jahr", offenbar zur Wurzel *mâ* „messen" gehörig; noch in dem nächstverwandten Lettisch bedeutet das Wort „Zeitraum".

Ferner südslavisch und russisch *god, godina* „Jahr" (: Wurzel *ghadh* „sich fügen, passen"), dessen ursprünglicher Sinn „Festtag" (serb. *god*, poln. *gody* „großer Festtag") war, und im westslav. *rok* „Jahr", das im serbischen noch jetzt nur den festgesetzten Termin ausdrückt (serb. *rôk*, poln. *roki*: Wurzel *ark* „bestimmen").

Ideler macht in seinem Handbuch der Chronologie die linguistische Bemerkung: „Was endlich das Jahr betrifft, so mag hier zu dem, was über die Dauer und die verschiedenen Formen desselben gesagt worden ist, nur noch eine Bemerkung hinzukommen, daß das diesen Begriff bezeichnende Wort in fast allen Sprachen einen Kreislauf, eine Wiederkehr in sich selbst bezeichnet".

Auf indogermanischem Boden, für welchen die Allgemeinheit dieser Behauptung entschieden falsch ist, weiß ich nur hierherzustellen das sanscritische *rituvṛitti* „Wende der Jahreszeiten", ein augenscheinlich modernes Gebilde, und vielleicht lat. *annus (acnus)*, wenn es zu *annulus* „Ring" gehört.

Ein höchst merkwürdig reflectirendes Wort wäre das homerische λυκάβας, αυτος ὁ „Jahr", falls es wirklich „den Wandel des Lichts" ausdrückte. Griech. ἐνιαυτός ist unklar.

Ich glaube, es läßt sich nach dem Bisherigen nicht verkennen, welches der Ausgangspunkt und der Gang der Sprachen in der Begriffsentwicklung des „Jahres" gewesen sei: Die einzelnen Jahreszeiten gehen nach und nach in die Bedeutung „Jahr"

über, zuweilen gelingt es auch einem Wort für „Zeit, Zeitraum"
zu dieser Ehre zu gelangen.

Den letzteren Entwicklungsprozeß stehe ich nicht an, in derjenigen Gleichung zu erblicken, welche man am ehesten für das
Bekanntsein des „Jahres" in der indogermanischen Urzeit in die
Wagschale werfen könnte. Es entspricht nämlich lat. *vetus* „alt"
= griech. ἔτος „Jahr", scrt. *vat* in *samvatsam* „ein Jahr lang"
(*samvatsara, parivatsara, vatsa* „Jahr"). Es steht nichts im
Wege, in dem lat. *vetus* die ursprüngliche Bedeutung „Alter,
Alterthümlichkeit" (*homo vetus est* „der Mensch ist eine Alterthümlichkeit") anzunehmen (cf. slav. *vetůch-ŭ*, lit. *vétusz-as* „alt").

Die Versuche *vatsa* (*vatasa*) als Regenzeit (*vad* in ὕδωρ;
Pictet) oder als Frühling (*vat* = *vas*; M. Müller) zu erklären,
sind mißlungen.

Zu den Punkten, welche wir bisher für unsere Ansicht geltend gemacht haben, tritt im Folgenden, wenn auch in zweiter
Linie, ein weiterer.

Erst nach Erkenntniß des Begriffes „Jahr" können Be-
nennungen für die einzelnen Monate erfunden werden, die In-
dividualisirung der Jahrzwölftel kann erst erfolgen, wenn sie in
wohlbekanntem Kreislauf alljährlich wiederkehren. Und wirklich,
wäre es möglich, in den indogermanischen Monatnamen eine,
wenn auch geringe, Uebereinstimmung zu erkennen, die auf einen
gemeinsamen Ursprung zurückführte, wir würden mit eiserner
Consequenz zu dem Schluß getrieben werden: „also haben die
Indogermanen das Jahr gekannt".

Das Gegentheil davon ist der Fall. Nicht nur, daß die
indogermanischen Sprachfamilien in der Benennung der Monate
gänzlich von einander abweichen, so zeigen auch die Sprachen dieser
einzelnen Sprachfamilien, wie z. B. der germanischen und sla-

vischen, ja selbst so nahverwandte Dialecte wie beispielsweise die litauischen Mundarten unter einander hier eine so bunte Mannigfaltigkeit, daß jeder Gedanke an eine ursprüngliche Gemeinschaft ausgeschlossen bleibt.

Fällt somit die Einführung der Monatnamen erst in die Epoche der Sonderexistenz der indogermanischen Völker, so ist doch die Bildung derselben für den Forscher darum nicht von geringerem Interesse; denn gerade in der Verschiedenheit der Bezeichnungen spiegelt sich ein bezeichnendes Bild der Charaktereigenthümlichkeit der einzelnen Stämme ab. Unsere Bemerkungen müssen sich auf europäisches Gebiet beschränken.

Treffend charakterisirt Th. Mommsen den Unterschied griechischer und römischer Monatnamen: „Während die griechischen Monate überwiegend von Göttern und Götterfesten, selten von Jahrzeiteigenschaften und vielleicht niemals von der bloßen Ordnungszahl den Namen führen, sind wenigstens bei dem nüchternen latinischen Stamm — über den sabellischen ist in dieser Hinsicht nichts überliefert — ungefähr die Hälfte der Monate, Quinctilis bis Dezember, bloß von der Nummer benannt, die Mehrzahl der übrigen latinischen und sabellischen: *Aprilis, Maius* oder *Maesius, Junius, Floralis, Januarius, Februarius, intercalarius* von kalendarischen oder Jahreseigenschaften, nur ein einziger, aber unzweifelhaft von einer Gottheit, der Monat des Mars, welcher Gott hier, ohne Genossen und an der Spitze des latinischen, wahrscheinlich auch des sabellischen Kalenders, bestimmter als irgendwo sonst auftritt als der eigentlich latinisch-sabellische, das heißt der italische Stamm- und Nationalgott."

Ein weites Feld der Beobachtung eröffnet sich, wenn wir den Norden Europas, germanisches und slavisches Gebiet betreten. In üppiger Fülle sprießen hier fast in jeglicher Landschaft eigenthümliche Namen empor, Namen, die bald den Geschäften des täglichen Lebens, bald Wetter und Zeit, bald Pflanzen und Thieren, bald auch dem religiösen, fast nur aber dem christlichen Leben entnommen, wie verschieden auch immer ihre Form sein mag, doch in dem Stempel frischer Natürlichkeit übereinstimmen.

Erst die Bekanntschaft mit dem römischen Kalender, der langsam und unbemerkt auch seine fremden Namen einzuschmuggeln versteht, führt zu festen Reihen der Monatnamen.

Aber wie schwer der im Alten bequem verharrende Sinn des Volkes sich an die exactere Rechnung nach Tag und Monat gewöhnt, zeigen Gegenden, in welchen Ausdrücke wie „in der *sât*", „in dem *snite*" oder „im *brâchet*", „im *hoüwet*" nur schwierig durch solche wie *sâtmân*, *schnitmonat*, *brâch*- und *hoümonat* verdrängt werden.

Es war bekanntlich Karl der Große, welcher für die vor ihm durcheinander gebrauchten deutschen und lateinischen Namen eine einheitlich deutsche Reihe einführte, die aus folgenden Monaten bestand: 1. *Wintarmânoth*, 2. *Hornunc* (= kleines Horn „hornharter Frost" vgl. „*von dem herten horne ist her hornung genant*, | *Dy herteste kelde kommet danne yn die lant*"), 3. *Lenzinmânoth*, 4. *Ostarmânoth*, 5. *Wunnimânoth* oder *Winnemânoth* (= Weidemonat, got. *vinja*, ahd. *winne* Weide), 6. *Brâchmânoth* („der Monat, in dem die *brâch* gelegenen Felder umgebrochen werden"), 7. *Hewimânoth* „Heumonat", 8. *Aranmânoth* „Erntemonat", 9. *Witumânoth* „Holzmonat", 10. *Windumemânoth*, *Winmânoth*, 11. *Herbistmânoth*, 12. *Heilagmânoth*.

Schon frühzeitig tritt durch landschaftlichen Einfluß an Stelle von 9. *Herbistmânoth*, an Stelle von 11. *Wintermânoth*, an Stelle von 12. *Hertimânoth* „der harte Monat". Außerdem drängen sich die fremden *merze*, *aprelle*, *meie* hervor.

Im 15. Jahrhundert hat sich durch die die deutschen Monatnamen pflegenden Kalender folgender Gebrauch festgesetzt, der sich mit geringen Abweichungen bis ins 18. Jahrhundert erhält:

1. Jenner (großer Horn), 2. Hornung (kleiner Horn), 3. Merz, 4. April, 5. Mei, 6. Brachmond, 7. Heumond, 8. Augsmond (August), 9. Herbstmond, 10. Weinmond, 11. Wintermond, 12. Christmond.

Im 18. Jahrhundert treten im Gefolge der wiedererwachenden Liebe für deutsche Sprache und Literatur Bestrebungen auf, die fremden Namen ganz aus dem Kalender zu verdrängen, an denen sich Zeitschriften wie „das deutsche Museum" und „der deutsche Merkur" (Wieland) betheiligten. Sie fanden wenig Anklang, namentlich trat ihnen Voß entgegen.

Unter den neueren Calendern, die im übrigen fast durchgängig die römischen Monatnamen gebrauchen, schließt sich „der Lahrer hinkende Bote" an die Reihe des 15.—18. Jahrhunderts an; nur für 4. hat er Ostermonat, für 5. Wonnemonat für 8. Erntemonat.

Wir verweisen zum Schluß dieser mehr anhangsweisen Bemerkungen auf eine vortreffliche Arbeit Weinholds „die Deutschen Monatnamen" Halle 1869.

III. Capitel: Tag und Nacht.

„*nox ducere diem videtur.*" *Tacitus.*

Wir haben in der Ueberschrift dieses Capitels „Tag und Nacht" gesagt, und doch läge es unserem indogermanischen Bewußtsein viel näher die „Nacht" an die erste Stelle zu setzen. Wie auf semitischem Gebiet vgl. Mos. I, 1,2:

„Und die Erde war wüste und leer; und es war finster auf der Tiefe; und der Geist Gottes schwebte auf dem Wasser" so ist es auf indogermanischem: Die Nacht, die von dem Begriffe des Chaos nicht getrennt gedacht werden kann, steht am Anfang der Dinge: aus ihr wird der Tag geboren.

Von der Menge der hierher bezüglichen kosmogonischen Vorstellungen will ich mich darauf beschränken, den Anfang eines allerdings zu den späteren zählenden vedischen Hymnus mitzutheilen, in welchem mit einer fast unvergleichlich dastehenden Kühnheit und Schönheit der Phantasie das absolute Nichtsein der Dinge vor der Schöpfung geschildert wird. Derselbe lautet:

„Da war nicht Sein, da war nicht Nichtsein eh'mals,
Die Luft war nicht und nicht der Himmel ringsum,
Was deckt' das All, und wo lag was geborgen?
War es des Wassers bodenlose Tiefe?"

„Da war nicht Tod, Unsterblichkeit nicht damals,
Das Dunkel war vom Tage nicht geschieden:
Es hauchte hauchlos in sich selbst das eine,
Und außer ihm war nirgends etwas andres."

„Nur Dunkel war, in Dunkelheit gehüllet,
Im Anbeginn, ein endlos Meer ohn' Helle."

In der nordischen Sage hatte *Nörvi* eine Tochter, Namens *Nôtt*. Diese zeugt mit ihrem letzten Manne *Dellingr* einen Sohn *Dagr*, der licht und schön, wie sie selbst schwarz und finster ist.

Nox ducere diem videtur „die Nacht scheint dem Tag voranzugehn" sagt Tacitus in der Germania, und es ist sicher kein Zufall, daß es in den so streng formelhaften altpersischen Keilinschriften:

Khsapavâ raucapativâ „bei Nacht und Tag", nicht umgekehrt heißt. (Vgl. griech. *νυχϑήμερον* „Nacht und Tag".)

Wenn der Glaube des Indogermanen die Nacht an den

Anfang der Dinge setzte, und er zu der Lichtscheibe des Nachthimmels wie zu der Uhr emporblickte, deren Zeiger ihm das Enteilen der Zeit verkündigte, so erklärt sich zugleich hierdurch ein Gebrauch, der sich durch die Uebereinstimmung der Völker als uralt erweist: Die Indogermanen pflegten nach Nächten, nicht nach Tagen zu zählen. Von den Spuren dieses ältesten Zustands nur wenige Beispiele! Im Sanscrit heißt *daçarâtra: râtri* „Nacht" ein Zeitraum von 10 Tagen. „Laßt uns die alten Nächte (Tage) und die Herbste (Jahre) feiern," sagt ein Hymnus.

Im Avesta, wo die Zählung nach Nächten völlig durchgeführt zu sein scheint, ist *tåo khšapanô* „die Nächte" = der Zeit (Deines Lebens). Eine Entsühnungsformel lautet: „Er darf nicht an Feuer, Wasser, Erde, Vieh, Bäume, nicht an den reinen Mann kommen und nicht an die reine Frau, bis daß drei Nächte verfloßen sind. Nach drei **Nächten** soll er nackt seinen Leib waschen mit Kuhurin und Wasser, dann ist er rein."

Unter den Germanen, bei denen dieser Gebrauch schon dem Tacitus aufgestoßen ist (*nec dierum numerum sed noctium computant*), begegnen in den deutschen Rechtsalterthümern unzählig oft Formeln wie: sieben nehte, vierzehn nacht, zu vierzehn nechten. Der Engländer sagt noch heute *fortnight*, *sennight* „14 und 8 Tage."

Jacob Grimm vermuthet außer den angeführten noch eine andere Ursache dieser Rechnungsart: „Die Heiden pflegten ihre heiligen Feste in die Nacht zu verlegen oder zu erstrecken, namentlich die Feier der Sonnenwende zu Mittsommer und Mittwinter, wie das Johannis- und Weihnachtsfeuer lehrt; auch die Osterfeuer und Maifeuer bezeugen Festnächte. Die Angelsachsen feierten eine *härfestniht* (altn. *haustnôtt*, *haustgrima*), die Skandinaven eine *hökunôtt*."

Das bange Schaudern, welches, wenn die Schatten der Nacht sinken, das Herz des Naturmenschen ergreift, die Freude über das Erwachen des Lichtes und Lebens liegt vielleicht in den Wörtern für „Nacht" und „Tag" selbst ausgesprochen. „Die Nacht ist keines Menschen Freund"; so bedeutet das uralte indogermanische Wort für sie wahrscheinlich „Schädigerin, Vernichterin": scrt. *nakti-s*, griech. νύξ, lat. *nox*, slav. *nošti*, lit. *naktìs*, got. *nahts* „Nacht": Wurzel *nak* (griech. νέκυς, lat. *necare*) „tödten". Vgl. scrt. *došá* „Abend": *duš* „versehren".

Dagegen führt das verbreitetste Wort für „Tag": lat. *dies*, lit. *dënà*, slav. *dĭnĭ*, scrt. *dina-s* zu der freundlichen Wurzel *div* „leuchten". Vgl. scrt. *vásara* „Tag", *vastar* „am Morgen": *vas*. Unser „Tag", got. *dags*, nord. *dagr*, engl. *day* scheint zu W. *dah* „brennen, strahlen" zu gehören.

Freilich was empfinden wir, die wir durch unsere Künste und Gewohnheiten die Nacht zum Tage uns gestalten, von jenem tiefeinschneidenden Eindruck, den Tag und Nacht auf Erde und Menschheit ausüben? Man wende sich, will man ihn verstehen, hin zu den Völkern, deren Denken und Fühlen noch neue Nahrung an den Brüsten der Natur saugt, man wende sich hin zu dem vedischen Alterthum und höre, wie der Herr des Hauses, Patriarch und Sänger zugleich, sehnend die ersten Strahlen des Morgenlichts, „die Ritter" (*Açvinen*) erwartet, die ihm das Nahen der geliebten *Ušás* verkünden, und wie er dann in jubelnden Preis der gefeierten Göttin Frühroth ausbricht.

Die vedischen Lieder an *Ušás*, so viel Jahrtausende immer, seit sie zum ersten Male in begeisterter Inbrunst dem jungen Morgenroth entgegenklangen, verflossen sind, gehören in der That zu dem schönsten, was poetische Kraft der Empfindung, gepaart mit Zartheit der gebrauchten Bilder, geschaffen hat, und ich will es versuchen, so kurz wie möglich eine gedrängte Uebersicht der an das Aufleuchten des Morgenroths geknüpften altindischen Vorstellungen zu geben.

Bemerkt sei, daß in der späteren indischen Zeit *Uṣás* ihr Ansehn und ihre Verehrung einbüßt, aufs neue ein Beweis, wie mit der Zeit die Sitze des Volkes sich nach dem Süden ausdehnen: das Morgenroth erscheint am lieblichsten in nördlicheren Gegenden.

Uṣás (griech. ἠώς lat. *aurora*) ist die Tochter des Himmels, die Schwester der Nacht, *naktośasā* oder *uṣasānaktā* „Frühroth und Nacht" die beiden Jungfrauen des Himmels:

„Ein gleicher Weg ist beiden Schwestern, endlos;
Nach Götterheißung ziehn sie nach einander,
Sie hadern nicht und säumen, fest in Ordnung,
Verschieden, gleichgesinnt doch, Nacht und Frühroth."

Agni (lat. *ignis*) „das Heerdfeuer," das bei dem ersten Lichtstrahl im Osten entzündet wird, ist der „Buhle" (*jāras*) des Frühroths, die *Açvinen*, die Götter des Morgenstrahls, sind Freunde der *Uṣás*.

Wie bei Homer Eos als Ehegattin gedacht wird:

ἠὼς δ' ἐκ λεχέων παρ' ἀγαυοῦ Τιθωνοῖο ὤρνυτο,

so ist sie im Veda Gattin des Sonnengottes selbst, der ihr ewig nachfolgt, sie einzuholen begierig.

Ihr Einzug wird geschildert:

„Es zeigten sich die lichten, rothen Rosse,
Die Strahlengöttin Frühroth herzuführen,
Die Holde naht auf allgeschmücktem Wagen,
Und bringet Güter zu dem frommen Menschen."

Sie gleicht der Jungfrau, die ihre Reize den Menschen entblößt.

„Wie eine Schöne, blank und schlank am Leibe,
Im Bade, zeigte Frühroth sich dem Blick."

„Die Himmelstochter öffnet ihren Busen,
Gleichwie die Schöne, zugewandt den Männern,
Enthüllend dem Verehrer ihre Reize,
Seit Alters schaffte wieder Licht die Jungfrau."

Das Leben, das mit ihrem Nahn wieder auf der Erde erwacht, schildern folgende Verse:

„Auf leuchtet Frühroth, nun so möge leuchten die Göttin, die die Wagen treibt, sie sind gebunden an ihr Nahn, gleichwie der Kaufmann an das Meer.

Gleich einem holden, vielgeschäft'gen Weib kommt Frühroth, ihr Nahen altert Mensch und Thier im Dorf, sie scheucht die Vögel aus den Nestern auf.

Das Weltall lebt und athmet ja in Dir, wenn Du, Holde, erstrahlst: so höre nun, Du Glänzende auf mächtigem Geschirr, Du Gabenprangende unser Gebet!"

Sie soll die ganze Welt durch ihren Schimmer wecken,
„nur ungewecket soll der Geizhals schlafen!"

Zuweilen erheben die frommen Sänger Anspruch darauf, zuerst die Uśâs durch ihre frommen Lieder entflammt zu haben.

Uśâs ist die Spenderin aller Glücksgüter; man fleht sie an um Reichthum an Kühen, um gesegnete Nachkommenschaft, um Sklaven u. s. w. Ist sie so mit Recht Freundin aller Götter und Menschen, so bereitet ihr doch ein Feind verhängnißvolle Nachstellungen. Folgendes, fast humoristische Liedchen findet sich darüber:

„Des Himmels Tochter schlug ja einst,
Der Große die sich brüstende,
Das Frühroth Indra ganz entzwei.

Vom Wagen lief die Uśâs fort,
Sich fürchtend vom zerschlagenen,
Als ihn der Stier zerschmetterte.

Da lag nun dies ihr Wagen da,
Zerschmettert im *Vipāçistrom*:
Sie war in weite Ferne fort."

Indra, dessen Namen selbst man mit scrt. *indu* „der Tropfen" zusammengebracht hat, ist der mächtige, starke Gott, welcher durch Erschlagung des Dämonen *Vṛitra* der dürstenden Welt den ersehnten Regen schenkt. Vielleicht darf man in der Vertreibung der *Uṣās* durch den Indra die mythische Wiedergabe der Wetterbeobachtung erkennen, daß ein schönes Morgenroth oft Regen verkündet; man denke nur an unser Sprichwort:

Abendroth giebt ein schönes Morgenbrot,
Morgenroth — Wind oder Koth.

Der heilige Tag hat sich erhoben. Wie theilte ihn der Indogermane ein? Wir können und müssen uns über diesen Gegenstand kurz fassen; denn die Sprachwissenschaft gibt uns nur wenig Sicheres an die Hand. Und das, dünkt mich, kann so unverständlich nicht scheinen.

In einer Zeit, in welcher die Glieder eines Volkes vorwiegend einer, und zwar der sehr eintönigen Beschäftigung der Viehzucht hingegeben leben, liegt das Bedürfniß nach einer exakten Tagestheilung, die überhaupt erst bei Kenntnissen und Fertigkeiten möglich ist, wie sie für die Urzeit undenkbar sind, noch in weitem Felde. Die Bezeichnungen, welche sich in spärlichem Maße bilden, werden der täglichen Lebensweise entnommen, notgedrungen sich in Begriffen bewegen, die auf einer höheren Lebensstufe schnell in Vergessenheit gerathen.

Ein höchst instructives Bild der Art und Weise, wie man etwa in der Urzeit Bezeichnungen der Tagestheile sich gebildet haben mag, bietet wiederum das alte Indien.

Dort bedeutet *sangava* „Morgen, Vormittag," eigentlich die

Zeit, wo die weidenden Kühe zum Melken zusammengetrieben werden; ebenso ist *gosarga*: W. *srij* „die Zeit, wo man die Kühe losläßt". *Sâyam* ist „Abend", d. h. die Zeit, wo man die Zugthiere abspannt (*ava sâ* „abspannen"), *tišthadgu* heißt „wann die Kühe stehen, um gemolken zu werden", *abhipitva* bedeutet „Einkehr und Abend". Man hat versucht, ähnliches in die betreffenden Wörter verwandter Sprachen hineinzudeuten. Voß übersetzt bekanntlich ἐν νυκτὸς ἀμολγῷ „zu dämmernder Stunde der Melkzeit" (: ἀμέλγω), auch unser „Morgen", got. *maúrgins*, meint Pictet, sei mit „melken" verwandt. Lat. *serus* „spät" soll mit obigem *sâyam* verwandt sein, so daß eine *Soirée* (von *soir* = *serum*) in der That etwas „abspannendes" hätte. Alles das ist mehr denn unsicher.

Sicherer scheinen zwei, einer andern Begriffssphäre entnommene Gleichungen zu sein: 1) scrt. *madyâhna*, griech. μεσημβρία, lat. *meridies*, alth. *mittitag*. 2) scrt. *pitu* „Nahrung", zend. *arempitu* „Mittag", *rapithwa*: lit. *pëtus*, *përpëtë* „Mittag"; denn Essen und Trinken, was sich der Leser bei dieser Gelegenheit merken mag, spielte, obgleich das Wort „kochen", lat. *coquere*, griech. πέπων, scrt. *pac* ꝛc. auf die nicht sehr appetitliche Wurzel *kak* zurückgeht, in der indogermanischen Urwelt, weder eine besonders untergeordnete noch primitive Rolle.

Es kann nicht unsere Aufgabe sein, hier eine Darstellung des Weges zu geben, auf welchem die Völker in ihrer Sonderexistenz von Bezeichnungen, wie den genannten, zu der exacten Tageseintheilung, die ihnen später geläufig ist, gekommen sind.

Dieselbe würde sprachlich kaum einiges Interesse bieten. Dagegen harrt unser am Schlusse dieser Arbeit noch die Aufgabe, eine kurze Uebersicht über die auch linguistisch so wichtige Verbreitung der Wochentagsnamen zu geben.

Die siebentägige Woche (scrt. *saptáha*, perf. *hastah*, griech. ἑβδομάς, lat. *septimana*) ist keine Erfindung der indoeuropäischen Welt. Ihre Heimat ist an den Ufern des Euphrat, ihr Entstehungsgrund die hohe Heiligkeit der Siebenzahl im allgemeinen, der Einfluß, den man den sieben Planeten beilegte, im besonderen.

Frühzeitig finden wir die Woche bei den Hebräern wieder; aber an Stelle der Benennung der einzelnen Tage nach den Planeten, deren Heilighaltung durch den strengen Jehovadienst verpönt wird, tritt das numerirende System; vom Sabbat an, dem heilgen Ruhetag, zählte man weiter bis sechs.

Der *dies Sabbati* ist es, auf dessen charakteristische Eigenthümlichkeit im Verkehr mit den Israeliten zuerst sich die Augen der griechisch-römischen Welt richteten. Gab es doch Römer, die, ohne sonst dem Judenthum anzugehören, aus abergläubischen Rücksichten sich der Heilighaltung des Sabbat anschlossen.

Wenn aber die Bekanntschaft mit der siebentägigen Woche Rom durch die Juden erhielt, wie kommt es, daß doch die den Juden unbekannte planetarische Tagbenennung so frühzeitig bei den Römern einzieht, daß schon Tibull den Sabbat dem *dies Saturni* identificirt, Tertullian um 220 von dem *dies solis* (Sonntag) spricht, und Clemens von Alexandria den Mittwoch als den Tag des Hermes, den Freitag als den Tag der Aphrodite bezeichnet?

Roesler in seiner ausgezeichneten kleinen Schrift („Ueber die Namen der Wochentage" Wien 1865) schreibt diesen Einfluß den chaldäischen Wahrsagern, Sterndeutern, Horoskopstellern zu, welche in dem abergläubischen und ungläubigen Rom der Kaiserzeit ihr Spiel trieben.

Allerdings sproßte auch die jüdische Zählweise im Christenthume weiter. Nur der Auferstehungstag des Herrn (*dies dominica*, griech. κυριακή) scheidet Juden und Christen; sonst zählte man weiter: Montag = *feria secunda*, Dienstag = *feria tertia* ꝛc. Von neuen Sprachen hat das Portugiesisch diese Bezeichnungen erhalten: *domingō, secunda feira, terça feira* ꝛc.

Im Uebrigen zeigen die romanischen Sprachen durchweg das planetarische System. Nur statt *dies solis* (so noch bei Gregor v. Tours) wird späterhin *dies dominica*, ital. *domenica*, span. *domingo*, franz. *dimanche* gesagt. Für *dies Saturni* blieb das jüdische *sabbatum*, ital. *sabbato*, span. *sabado*, franz. *samedi*.

Von ganz besonderem Interesse ist die Ueberführung der lateinischen Planetennamen in die germanischen Länder, da durch diesen Proceß eines der schönsten Zeugnisse unseres heidnischen Alterthums erhalten ist. Die Germanen gaben nämlich die von ihren römischen Nachbarn überkommenen Götter (Planeten)namen durch nationale Götternamen wieder, freilich in der Weise, daß, da jede gelehrte Einmischung fern blieb, nur die in die Augen springendsten, nicht immer die charakteristischen Eigenschaften der Götter den Maßstab der Vergleichungen abgaben.

So wurde der *dies Martis* zu dem Tag des germanischen Kriegsgottes *Tiu, Ziu*, vgl. aglſ. *Tivesdäg*, engl. *Tuesday*, alth. *Ziuwestag*, dialectisch *Zistig* u. s. w., wir volksetymologisch Dienstag.

So ward *dies Mercurii* zu *Wuotanes* Tag (engl. *Wednesday*, westphälisch *Gudenstag, Gunstag* ꝛc.), *dies Jovis* zu Donars Tag (Donnerstag), *dies Veneris* zu *Freyja's* Tag (Freitag), eine passende Entsprechung fehlte offenbar dem *dies Saturni*, der ins aglſ. aufgenommen wurde (aglſ. *sätres däg*, engl. *Saturday*).

Man erſetzte ihn durch das jüdiſche Sabbattag, *sambaztag*, *samstag* ꝛc.

Daß alle dieſe Germaniſirungen in die Zeit vor Einführung des Chriſtenthums fallen, beweiſt einfach der Umſtand, daß die mit ſo viel Conſequenz die Erinnerung an die heidniſche Vorzeit auszurotten beſtrebte Geiſtlichkeit die in den Namen der Wochentage feſtgewurzelten Götternamen nicht durch andere zu erſetzen vermochte.

Die andere (Oſt-) Hälfte Europas, Litauer, Slaven u. ſ. w. neigen ſich, weil von römiſcher Cultur weniger beeinflußt, dem numerirenden Syſtem zu. Der Sonntag (ſlov. *nedelja*, ſerb. *nedela* ꝛc.) iſt der Tag des „Nichtsthuens“, ein verſchobener Sabbat, der Montag der „Nachſonntag“ (ſlov. *pondelek*), Dienſtag der zweite, Donnerſtag der vierte, Freitag der fünfte Tag. Mittwoch iſt wie im Deutſchen die „Mitte“ der Zählung, als Sonnabend kehrt überall Sabbat wieder.

Bei den Indern werden, um nur noch dies unſrer kurzen Orientirung hinzuzufügen, ebenfalls die ſieben Wochentage ihnen vorſtehenden Planeten-Gottheiten überwieſen.

Aus bekannten Thatſachen die richtigen Schlüſſe zu ziehn und dieſelben zu einem Bilde zu vereinigen der Kenntniſſe und Anſchauungen des indogermaniſchen Urvolks, ſo weit ſie auf Zeit und Zeittheilung ſich beziehen, dazu ein kurzer Ueberblick über den Weiterbau der urſprünglichen Grundlage, in ſo fern er für den deutſchen Leſer von Intereſſe, war der Zweck der vorliegenden Arbeit.

Jetzt, da wir am Ziel ſind, läßt es ſich leichter erkennen: es iſt ein weiter und bedeutungsvoller Weg, den die indogermanischen Völker bis heute zurückgelegt haben. Der Weg von der Phantasie zu der Reflexion, der Weg von dem frommen Kinderglauben zu der ernsten Erkenntniß.

Derjenige, welcher in den Zeiten seines Mannesalters nur verfehlte Träume der Kindheit erblickt, mag hierin einen Rückschritt wahrnehmen. Demjenigen, welcher in der Erkenntniß den Fortschritt der Menschheit sieht, strahlt auch hier der freundliche Stern, welcher einem jeden aufgeht, der sich auf dem zerbrechlichen Kahn menschlichen Wissens auf den schwer zu durchschiffenden Ocean menschlicher Culturgeschichte wagt.